有料更有趣的朝代史

3
远交近攻

王光波 编著

浙江工商大学出版社
·杭州·

图书在版编目（CIP）数据

秦史/王光波编著.—杭州：浙江工商大学出版社，2022.1（2024.1重印）

（有料更有趣的朝代史/胡岳雷主编）

ISBN 978-7-5178-3861-6

Ⅰ.①秦… Ⅱ.①王… Ⅲ.①中国历史—秦代—通俗读物 Ⅳ.① K233.09

中国版本图书馆 CIP 数据核字（2020）第 083063 号

秦 史

QIN SHI

王光波 编著

责任编辑	张晶晶
封面设计	吕丽梅
责任印制	包建辉
出版发行	浙江工商大学出版社 （杭州市教工路 198 号　邮政编码 310012） （E-mail: zjgsupress@163.com） （网址：http://www.zjgsupress.com） 电话：0571-88904980，88831806（传真）
排　　版	北京东方视点数据技术有限公司
印　　刷	唐山富达印务有限公司
开　　本	787mm×1092mm　1/32
印　　张	28
字　　数	594 千
版 印 次	2022 年 1 月第 1 版　2024 年 1 月第 3 次印刷
书　　号	ISBN 978-7-5178-3861-6
定　　价	198.00 元（全四册）

版权所有　侵权必究

如发现印装质量问题，影响阅读，请和营销与发行中心联系

联系电话　0571-88904970

目　录

第一章　诸侯暗战：风雨交加的嗜血年代
鹬蚌相争很实用 _ 003
先打韩还是先打蜀 _ 008
巴蜀成了囊中肉 _ 013
张仪使楚 _ 018
丹阳之战 _ 023
一场张仪引发的战争 _ 028
虎口脱险 _ 033
"凤凰男"燕昭王 _ 038
武王的彪悍人生 _ 043
息壤之盟 _ 048
秦武王之死 _ 053

第二章　削弱齐国：少个对手多条路
季君之乱 _ 061
女人也要发言权 _ 066
黄棘之盟 _ 071
韩魏向齐国 _ 076
楚怀王不给力 _ 081
孟尝君到秦 _ 086
匡章攻破函谷关 _ 091

伊阙之战 _ 096
在困顿中奋起的苏秦 _ 101
苏秦的三寸不烂之舌 _ 105
苏秦的棋盘有多大 _ 110
如意算盘终得逞 _ 115
柿子捡软的捏 _ 120

第三章 计谋楚赵：我要你们的地盘

完璧归赵 _ 127
渑池之盟 _ 133
楚国首都陷落记 _ 138
阏与之战是场喜剧 _ 143
忍辱负重的范雎 _ 148
远交近攻之策英明 _ 153
报仇的精神力量 _ 158
荀子不是来旅游的 _ 163
上党的选择 _ 169
纸上谈兵害死人 _ 174
长平成了屠宰场 _ 180

第四章 更进一步：火中取炭

离间成功 _ 187
邯郸告急了 _ 190
刚愎自用很危险 _ 195
毛遂很会做推销 _ 200
窃符救赵 _ 206
秦国这回栽了 _ 211
西周国至此完结 _ 216

第一章

诸侯暗战：风雨交加的嗜血年代

鹬蚌相争很实用

"谋事杀良，非忠也；乘人之危，非仁也。"乘人之危一向以贬义词出现在汉语词典中，做人自然不能乘人之危，不然会被冠以不仁的骂名。但是，当这种境况发生在国家之间时，特别是在春秋战国这样的群雄相争的乱世之机，乘人之危就成了一种智慧，更为甚者，若不能把握这种乘人之危的机遇，倒是会被冠以迂腐或者愚蠢的骂名。当下，就有一个绝好的乘人之危的时机摆在秦人面前，聪明如秦惠文王自然不会错过。

秦惠文王十年（前316），巴和蜀发生战争，打得不可开交。今日提起巴蜀，人们并不陌生，首先映入我们脑海的是"九寨沟山水的神奇，黄龙山水的瑰丽，熊猫世界的趣，恐龙世界的奇"，当然也不能忘却那"峨眉天下秀，青城天下幽，剑阁天下险，夔门天下雄"的景象，还有让无数学者为之痴狂的巴蜀文化。话说在先秦时期这巴、蜀两国是怎么个境况？这要从遥远的历史慢慢说起。

巴、蜀历史悠久，据有记载的历史，巴、蜀地名在商朝已经存在，但是那个时期的巴、蜀只是部落，而不称国，而且巴并不以此为名，而是称之为彭，有学者称古时彭与巴音同，可通用。巴、蜀在四川、重庆境内，巴在东，蜀在西，范围较大，巴蜀地区民族众多，据《华阳国志》记载，有濮、賨、苴、龚、奴、獽、夷、蜒、滇、僚、僰，这些民族中巴族、蜀族分布最广、人口最多。

在古代天灾人祸频繁，又多发战争，所以各族人们的迁徙十分常见，随之而来的是血缘关系的融合与经济文化的交杂，再加上地缘关系的原因，巴、蜀常并称。随着时代的发展，巴蜀不离，并发展成了独特的不同于中原的巴蜀文化。同时也正因为巴蜀的这种独特关系，今人研究探讨巴、蜀的族源颇有难度，更有分歧。

巴人的祖先称之为"廪君"，据说此人是从当时的五个姓氏之中经过各种技能比赛公选出来的。巴人彪悍好斗，居无定所，早期以狩猎、捕鱼为生。"廪君"及其他的子孙带领巴族南征北战，活跃在川东、湖北西部及贵州东北一带，并吸纳了其他少数民族，势力不断壮大，到了春秋时期建立起了国家，这时才称之为巴国。

关于蜀的历史，在甲骨文中已有商王征讨蜀的记载，根据记载，蜀在商的统治之下，但是蜀人冒险好斗的性格决定了他们不可能安于本分，于是便有了征讨之说，这一时期，蜀已经称之为国。

根据神话传说，蜀人的祖先是"蚕丛"和"鱼凫"，前者是蚕，后者是鸟，这种神话传说在远古历史中并不少见。如有学者称，夏朝建立者大禹乃是一只大虫，这跟蜀国以"蚕丛"和"鱼凫"为祖先的记载有异曲同工之处。

到了春秋时期，关于"杜宇"的传说流传甚远，《华阳国志·蜀志》记载："蜀有王曰杜宇，一名杜主。"而有迹可查的众多史书中也有这样的记载："七国称王，杜宇称帝。"在晚唐诗人李商隐的《锦瑟》中有我们非常熟悉的诗句"庄生晓梦迷蝴蝶，望帝春心托杜鹃"。杜宇称之为望帝，这句异常凄美的诗句，描绘的就是关乎杜宇的凄美故事。

据记载，杜宇"教民务农"，不仅蜀人受其教化，就连与之相邻的巴人也受其影响，开始农耕，现今巴蜀农民仍保留着祭祀杜主以求多产的习俗。时逢大水，望帝部属鳖灵领兵治水有功，望帝禅位于他，是为开明帝。

成就很容易遮蔽人的双眼，鳖灵身为开明帝，一天天骄傲起来，久而久之就变得不再开明了。鳖灵不能体恤百姓，还百般盘剥，致使百姓不胜其害，便再请望帝。望帝前去教化鳖灵，不但无功，还惹来了杀身之祸。

望帝的复出对鳖灵始终是个祸患，鳖灵唯恐被夺权，便命人去追杀望帝，走投无路的望帝，便幻化为一只杜鹃，整日啼叫，直至啼出血来，鳖灵终被感化，成为百姓之福。神话故事里摆脱不了现实的影子，虽不能全信，对现实却也有借鉴价值。

春秋战国时期，蜀国的疆域主要在川西平原，北抵汉中，西达氐羌，南到峨眉、乐山、宜宾，而巴国在势力增强后也不断沿着长江向东发展，巴蜀之地土地肥沃，又有山川屏障，成为楚国与秦国相争的目标。

首先向巴蜀伸出黑手的是楚国，楚国是南方大国，霸气十足，曾厚颜无耻地公然宣称："我蛮夷也。今诸侯皆为叛相侵，或相杀。我有敝甲，欲以观中国之政，请王室尊吾号。"

楚人是中原人所谓的南蛮，最不讲究正统礼数，又桀骜不驯，不受周王室的统领。凭着实力，楚国走上了往巴蜀扩张的道路。

楚国的扩张，兵分两路，一路指向蜀国，一路指向巴国。楚国眼馋汉中肥沃之地，便想与蜀国分食，蜀国疆域虽大，但文明尚不开化，无论是兵力还是武器设备均不能与楚国相抗衡。两军相争，其结果是汉中之地大片被楚国侵食，楚国建立起了牢固的西部屏障，并在此设立多郡进行管辖。

楚国开往巴国的兵力，同样是个大丰收，巴国迫于楚国的淫威，不得不臣服于它。这通过史书《左传》中桓公九年（公元前703年）记载的一件事情可以看出，时巴国在楚国的西北，与之相邻的是邓国，巴国欲与邓国结好，不得不前往楚国征求楚国的同意。

巴国人桀骜不驯，又开化不深，一旦有机会，自然要反抗，巴国人曾趁楚国内乱，向楚国发起进攻，也曾经在楚国与别国相争之时，落井下石，企图得渔翁之利。这些反抗对楚国虽然有一定的打击，但是仍然不能撼动它的根基，巴国也始终未能摆脱楚国的束缚。

楚国在巴蜀捷足先登，这让它占尽了优势。但楚国在巴蜀的优势，随着秦国的插足而渐渐消失。

秦国的目标是一统六国，争取天下，秦国与当时的大国楚国终究会有一番争斗。与楚国的决斗不可避免，而秦国的目标是占据楚国的大后方，然后以包抄之势将楚国一步一步蚕食，但是战略的实施，还必须以夺取巴蜀与汉中为根据地。

一方面，自从商鞅变法，秦国成为众矢之的以来，秦国忙得不亦乐乎，也打得不亦乐乎，苏秦的合纵，公孙衍的合纵，纷至沓来，将矛头指向秦国，六国攻秦遭遇惨败，更是让秦国开足了马力，对周边各国的攻势一浪高过一浪。但是，另一方面，树敌太多，把秦国处于一个危机累累的境地，如此一来，恰当地处理与各国的关系，就成为一个非常棘手的问题。而与哪些国家交好，又攻打哪些国家，除了依战略而定外还要依时机而行。

有了长远的目标，一个恰当的时机仍然是可遇而不可求的，对于秦国来说，夺取巴蜀就是这样一个可遇而不可求的时机。争夺天下，夺取巴蜀势在必得，秦国这个后来者，能否在楚国占尽优势的巴蜀地区夺得一席之地，进而将楚国赶出此地，独占巴蜀？

先打韩还是先打蜀

将军将秦师，西南奠遐服。
故垒清江上，苍烟晦乔木。
登临直萧辰，周览壮前躅。
堑平陈叶满，墉高秋蔓绿。
废井抽寒菜，毁台生鲁谷。
耕人得古器，宿雨多遗镞。
楚塞郁重叠，蛮溪纷诘曲。
留此数仞基，几人伤远目。

——刘禹锡《登司马错古城》

凡是稍有了解秦朝历史者，对司马错这个人必然是知道的。作为秦朝著名将帅，司马错得到了最高评价，有人曾评价白起、王翦、司马错："白起过于残酷，王翦偏重战术，只有司马错的战略才能出众，也有谋略，主张仁道，值得尊敬。"有这样的赞誉，也不枉司马错戎马一生，拼死效忠了。

司马错，生卒年现已无法考察，历仕秦惠文王、悼武王、昭襄王三世，与司马迁有渊源，追究起来，乃是司马迁的八世祖。司马错虽是武将，但绝不是有胆无识、有勇无谋之辈，他跟同时代的张仪一样，精通纵横学。文武双全的他，一生立功无数，其中最让人津津乐道的就是伐蜀。

秦惠文王九年（前317），这一天，司马错迫不及待地前去面见秦惠文王，经历了无数次的硝烟战火与各种大场面的司马错此时为何如此失态，这让人感觉事态并不寻常，原来，巴蜀相攻，为秦国既定计划的实施提供了一个大好机会。

司马错见了秦惠文王，将此事一说，秦惠文王也非常高兴，便唤来谋臣商讨下一步策略。群臣各抒己见，你一言我一语，只见秦惠文王的脸色变得凝重起来。巴蜀相攻确实为秦国提供了一个绝好时机，但他们也不得不面对一个事实，那就是六国攻秦的隐患还没有清除，韩国仍在蠢蠢欲动，怕是要有下一步的举动。秦惠文王踱来踱去，举棋不定，将目光转向了一直没有发话的张仪。

"不如伐韩。"张仪将心中所想说出，这跟秦惠文王的想法相左，但秦惠文王知道张仪自有主张，想听听他的想法，便道："请闻其说。"张仪也不客气，将心中所虑娓娓道来。

"亲魏善楚，下兵三川，塞轘辕、缑氏之口，当屯留之道，魏绝南阳，楚临南郑，秦攻新城宜阳，以临二周之郊，诛周主之罪，侵楚魏之地。周自知不救，九鼎宝器必出。据九鼎，按图籍，挟天子以令天下，天下莫敢不听，此王业也。今夫蜀，西僻之国也，而戎狄之长也，弊兵劳众，不足以成名，得其地不足以为利。臣闻：'争名者于朝，争利者于市。'今三川、周室，天下之市朝也，而王不争焉,顾争于戎狄,去王业远矣。"

张仪不主张攻打蜀国而主张伐韩国,其理由是,一方面,蜀国边远,乃是蛮夷之邦,即使劳民伤财最后将蜀国打下,也会因为蛮夷的桀骜不驯而不能在此扎稳根基。那样一来,只会徒劳无功,与建立霸业的距离就会渐行渐远,反倒是得不偿失。

另一方面,与楚国、魏国结好,然后借助它们的兵力图谋周室。其具体的规划是,秦国出兵三川,堵塞辕、缑氏两个隘口,魏国则领兵切断与南阳的交通,楚国领兵逼近南郑,这样一来,周王室就断绝了救援,秦兵攻打新城、宜阳就易如反掌,周王室命不久矣,等周王室拿下,转而占领楚国、魏国,那么霸业就可图了。

张仪攻打韩国,然后图谋王室,称霸天下的野心宏伟而诱人,但是这样的目标岂是短期内就能够实现的?在秦惠文王看来,这是可遇而不可求的,倒显得空洞而不务实。

对于张仪的说辞,秦惠文王没有发表自己的看法,转而将目光移向司马错。这个身经百战的将帅也许能够给他一个满意的答复。果然不负所望,相比于张仪的宏图大志,司马错的想法来得更加实际,针对张仪所说,司马错给出了精彩的反驳,司马错道:"不然。臣闻之:'欲富国者,务广其地;欲强兵者,务富其民;欲王者,务博其德。三资者备,而王随之矣。'今王之地小民贫,故臣愿从事于易。夫蜀,西僻之国也,而戎狄之长也,而有桀纣之乱。以秦攻之,譬如使豺狼逐群羊也。取其地足以广国也,得其财足以富民,缮兵不伤众,而彼已服矣。故拔一国,而天下不以为暴;利尽西海,诸侯不以为贪。是我一举而名实两附,而又有禁暴正乱之名。"

司马错站在一个为政者的高角度去阐述问题，虽然讲的是眼前事，目光却是放得非常长远。他首先提出了成大业者必须具备的三个条件，那就是拥有广阔的领土，让百姓安居乐业，最后是要有恩德，而攻打蜀国，恰能够为秦国带来这三样东西。

蜀国战乱，不费吹灰之力就能拿下，这样既能够得到它的土地，还能够剥夺它的财富，施惠于秦国人，除了这些具体的实惠以外，还能够获得除暴安良的好名声，可以说是名利双收。这样的好差事，何乐而不为呢？

司马错说到这里，秦惠文王心中已经赞叹不已，而在座的大臣也不禁为司马错的谋略竖起大拇指，这才是为政者当考虑周全的事情。但是司马错到此并没有结束，他接着罗列出了攻打韩国的众多不利之处。

司马错道："今攻韩劫天子，劫天子，恶名也，而未必利也，又有不义之名。而攻天下之所不欲，危！臣请谒其故：周，天下之宗室也；韩，周之与国也。周自知失九鼎，韩自知亡三川，则必将二国并力合谋，以因于齐赵而求解乎楚魏。以鼎与楚，以地与魏，王不能禁。此臣所谓危，不如伐蜀之完也。"

张仪将攻打韩及其之后的目标描述得非常好，但是，在司马错看来却存在着种种的不利，首先在名誉上就得一个骂名，周王室虽然名存实亡，但毕竟还是天下人的宗室，挟天子以令诸侯的效用还是存在的。攻打周王室，必然会招致恶名，这是其一。其二，韩国一向崇尚温和外交，与周边各国关系尚且融洽，若是韩国与周王室联合，并请求楚国、魏国的救援，如此一来，秦国损兵折将，能否战胜还未可知，这样名利双损的事情为什么要做呢？

从张仪与司马错二人关于秦国进攻方向选择的辩论中，我们可以看出，张仪所说仍是他的纵横政策的延续，他的着眼点在周旋于屈指可数的大国之间，利用它们之间的利益、矛盾关系为秦国谋取利益。而司马错却非常看重蜀国的价值，蜀国作为秦国西南的一蛮夷小国，其价值却不可忽视。

秦国得蜀国除能赢得名声外，更能为以后和与之相抗衡的楚国相争赢得筹码，巴蜀作为楚国的后方基地，秦得巴蜀，便是对它的严重威胁，楚国以后的战略不得不考虑到后方威胁。

司马错话语未落，在座大臣多有点头称赞者，秦惠文王也不再举棋不定，当即拍板定下了攻打蜀国的战略，张仪见形势已定，便也不再争论。

秦惠文王命人整军备粮，做好了出兵的姿态，只是，这一次他能否如愿以偿，顺利拿下蜀国，在巴蜀占尽优势的楚国当真会坐以待毙，眼见优势一日一日丧失吗？

巴蜀成了囊中肉

司马错战功无数，有人说司马错一生无败战，不知道此种说法是否有据可查？不管此话是真是假，不可否认，司马错的功劳是不可抹杀的，但是司马错被后人知晓乃至铭记，却多是源于他与张仪的这场著名的辩论。

围绕着秦国的发展方向，司马错与张仪的主张一一展开，当然我们不敢妄断他们二人谁对谁错，只不过是优中择一而已。张仪的主张甚是宏大，直捣黄龙，成就霸业，经历了商鞅变法迅速崛起的秦国，虽然走在当时各国的前面，但是，显然并不具备这样的条件，或者说时机尚未成熟。

反观司马错的主张，倒是更切合实际，师出有名的情况下得地得财，还博得"除暴安良"的好名声，这真是以最小的代价获得最大的利益的典范。也无怪乎秦惠文王采纳了司马错的意见，并紧急展开行动。

在一切准备就绪以后，秦军开进蜀国，但是此次伐蜀，秦惠文王以谁为将帅却在史书记载中产生了争议。据司马错的八世孙司马迁在《史记》中记载，这一年的十月，司马错领兵平定了蜀国，并将蜀国国君贬为侯，蜀国成为秦国的一个郡。这种说法似乎顺理成章，首先司马错主张攻打蜀国，其次司马错是个难得的将帅，能够担起讨伐蜀国的担子。

在常人看来，秦惠文王将司马错任命为主帅合情合理，但是在史书《华阳国志》中却有了另一番说辞。依据《华阳国志》中的说法，指挥灭蜀国的乃是张仪，蜀国被灭以后，蜀国国君在武阳也被张仪杀掉。

当然，一方面，秦惠文王虽然没有采纳张仪的主张，但让张仪参与战争这是有可能的，但是将其任命为主帅这似乎就超出了常人的想象了。另一方面，《华阳国志》中，在讲到秦灭巴蜀时，丝毫没有提及司马错，这就不得不让人怀疑此记载的真实性了。

有学者称，《华阳国志》在论及司马氏时，多有曲笔，由此可见，作者常璩对司马氏是非常反感的，此事要从常璩的出身说起。

常璩是东晋人，按理说，晋朝司马氏当权，为迎合当权者，常璩理应美化司马氏才对，他为什么要反其道而行呢？常璩生于晋朝不假，但同时他又是蜀人，那时东晋朝廷重用中原旧族，轻视蜀人，常璩年老，虽在朝廷为官，却处处受到歧视。

常璩文笔流畅，不得志的他便寄托于著书，写成《华阳国志》一书，成为我国古代第一部地方志。《华阳国志》主要介绍了巴蜀历史，因为寄予了作者的感情，书中对司马氏多有怨恨，也就不免有了曲笔之处。

回到我们的主题，《华阳国志》是一部重要的讲述巴蜀的地方志类史书，后人在研究巴蜀历史时，多有引用。我们应该辩证看待，毕竟过多个人喜恶的投入会影响历史的客观性。在伐蜀之战中，我们更倾向于司马迁的记载。

根据司马迁的记载："卒起兵伐蜀，十月，取之，遂定蜀，贬蜀王更号为侯，而使陈庄相蜀。"秦军与蜀军在葭萌（今四川广元昭化镇）遭遇，蜀军不敌，多有溃散而逃者，蜀国国君见形势大糟，逃亡武阳，到了这年的十月份，蜀国被攻下。

诚如司马错所料想的，蜀国被灭以后，蜀国的土地、财富均成了秦国的囊中物，在各诸侯国之间，秦国的优势越发显现了。

欲望无止境，不论是土地，还是财富都是多多益善，秦国轻而易举得蜀国，巴国就在眼前，自然不会就此罢手，一个乘胜追击就将巴国也一并拿下了。秦国拥有了巴蜀，其战略意义非常重大。有人称，司马错伐蜀之功与商鞅变法可以相提并论，因为商鞅变法为秦统一六国，建立一统国家奠定了社会基础，而司马错伐蜀则为秦统一六国打下了经济基础与战略基础。暂且不论这种说法是否有夸张之嫌，我们不可否认的是，司马错伐蜀为秦国带来了不可估量的好处，而对于其他诸侯国来说，则是无尽的灾难。

眼见秦国意气风发，作为强敌的楚国自然不会袖手旁观。秦国得到巴蜀，利益损害最大者当数楚国，而威胁最大者也当数楚国，楚国多年的经营，因为秦国的插足而毁于一旦。不仅如此，巴蜀在楚国后方，一旦秦国对楚国形成包抄之势，楚国就危在旦夕。

失去巴蜀以后，楚国的西南门户被打开，楚国的战略考虑变得异常艰难，众多隐患让楚国应接不暇。首先秦国往东可以顺长江而下，直达楚国的政治中心郢，其次秦国东向而来，汉水河谷也是一个不错的选择,再次,秦国还有可能南下,出武关直入楚国腹地。种种隐患,不管是哪种可能,或者兼具多种可能,楚国均是无法承受的。

根据司马错得巴蜀便得楚国的战略,楚国岌岌可危,楚人看得明白,所以不等秦人在巴蜀站稳脚跟,楚国就派兵气势汹汹而来。秦军稍做休整,立即投入到下一轮的战斗中。楚国虽是大国,但是毕竟已入暮年,而秦国刚刚崛起,正值壮年,两军相争,互有胜负。

秦、楚之间的拉锯战争持续多时,对于楚国来说,巴蜀是必争之地,关乎存亡安危,所以必须倾全力夺取。楚军拒秦军于汉中,楚国倾注了血本,打算将秦国拿下,但是结果仍然惨不忍睹,达官显贵尚且有七十多人丧命,就不用说士卒了,损兵折将之后,汉中失守。关于楚国的这段耻辱,史书是这样记载的:"楚尝与秦构难,战于汉中,楚人不胜,列侯执圭死者七十余人,遂亡汉中。"恼羞成怒的楚怀王反倒被激起了斗志,发重兵攻打秦国关中腹地,两军交于蓝田:"楚王大怒,兴兵袭秦,战于蓝田。"

连续的拉锯式战争,楚国已经力不从心,领地一点点被蚕食,而都城也被迫往东一迁再迁,"熊绎封丹阳,文王始都郢,平王更城郢而都之。昭王迁都,旋还郢。至襄王,东北保陈城。考烈王迁巨阳,又迁寿春,亦曰郢。"江汉平原渐渐落入秦国的钳制之下,楚国的日子过得相当艰难。

秦国虽然轻而易举得到巴蜀,但是,对巴蜀的管理却让秦惠文王伤透了脑筋。巴蜀乃少数民族聚集地,其桀骜不驯的民族个性再加上民族纷杂,管理起来煞是困难。秦收巴蜀以后,对巴蜀武力与拉拢并存,蜀国国君死后,秦便将其子弟封为侯,并以陈庄为蜀相,以张若为蜀守,以此来监视蜀侯。但是,巴蜀之乱仍频发,秦国在此地的统治仍然极不稳定。

在楚国与秦国相抗争的同时,巴蜀也时时伺机而动,反叛者接二连三地站起来,但均没有成就大气候,其中规模较大者当数蜀相陈庄监守自盗发动的叛乱。司马错受命入蜀平乱,司马错部属甘茂将陈庄杀死,蜀乱乃平定。

张仪使楚

时间飞快，转眼间沧海桑田，时事已经变了模样。当初名不见经传的秦国，自打商鞅变法之后，就走上了强国之路，成为屈指可数的大国，收巴蜀之后，更是威震诸侯国，而昔日的大国齐国与楚国却在你争我斗的战乱时代之中渐渐显得力不从心，宛若走入暮年。

时间可以改变很多东西，人亦在时间的流转中有了新的面貌。达官显贵转眼间可以成为穷困潦倒的流浪汉，而昔日毫无立足之地的流浪者也可以成为九五之尊，其中变化有谁能说得准呢？这就给了我们一个启示，那就是善待我们身边的每一个人，英雄也有潦倒时，穷人也有富贵日，不要因为一时的狭隘而酿下后患。

道理总是简单，但若真能够做到，人人就都成了圣人。人总是在不知不觉之中顺着自己的意愿前行，以至于不得不为当初的任性埋单。

当日，张仪穷困潦倒，到处碰壁，最后成为楚相的食客。座席之间，楚相兴起，拿出楚王赏赐的和氏璧给众人显耀，众人赏玩之间，和氏璧不翼而飞，这和氏璧乃楚王赏赐，代表着无上的荣誉，楚相自然不会不了了之。在座众人之中，只有张仪为生活所迫，最为潦倒，众人便将责任推向了他，楚相也断定是张仪偷了和氏璧。张仪非常有骨气，面临如何的刁难，仍然不肯背黑锅，最后被暴打一顿，赶出了宴席。

张仪伤痕累累，在家休养半年，在家人面前丢尽了颜面。时间可以扫去很多东西，包括人的记忆。但是这份耻辱，对于张仪来说，终生难忘，待张仪在秦国担任丞相，走上一人之下万人之上的高峰，这份耻辱仍然存留在张仪记忆的最深处，这也许就是张仪最初的动力所在。

复仇，当张仪有了这样的实力，并且这种个人恩怨能与他所服务的秦国互不矛盾时，爆发力更为强大。不管是从私人角度，还是从国家利益的角度，楚国始终都是秦国的一个劲敌，如今秦国日益强大，扩张之路也越走越顺，是时候向楚国下手了。其实在很久之前，张仪就已经盯上了楚国这块肥肉。

在给楚相的一封信中，张仪对当日耻辱念念不忘，并表示要复仇，信中大体是这样的意思：当日，我与你一同饮酒，没有偷你的和氏璧，你却将我打得遍体鳞伤，现在你要当心，仔细守护好你的国家，我要偷你的城池。这也许是秦国的既定计划之一，但是当张仪以这样的形式说出来的时候，不知道楚相心中做何感想。

巴蜀事务告一段落，秦国将目标转向了楚国，这也是张仪所希望的。在这个过程中，事情的发展遇到了一个不小的波折。

眼见秦国霸气十足，楚国与齐国虽为大国，但已经今非昔比，势不如往日了，两国对秦国的气势汹汹同样畏惧，便结成了同盟，约为生死之交。这对秦国来说是一个相当严峻的考验，"秦欲伐齐，齐、楚之交善。惠王患之"。

这一时期，战国七雄的形势已经转化为三足鼎立，当时的秦国、楚国、齐国是实力相对较强的。现下，齐国与楚国联合，这让秦惠文王有些吃不消，一对二这样的比赛，秦国并没有绝对的胜算，而秦惠文王也不愿意做这样的尝试，面对这样一个严峻的外交形势，秦惠文王深思之后，依旧拿不出一个完美的战略，便向谋臣张仪讨教方案。

"吾欲伐齐，齐楚方欢，子为寡人虑之，奈何？"秦惠文王愁眉苦脸，希望张仪能够想出个万全方案。眼见秦惠文王一筹莫展，这些年来的一幕幕在张仪的眼前像电影般一闪而过，是秦惠文王将自己从一个被人唾弃的小人物提拔到今日的丞相之职，这份恩情，张仪不能不报答。况且，拿下楚国，这里面也包含着私人恩怨，张仪没有理由不冒个险。

思及此，张仪心中已经有了解决方案。秦国惧怕的是楚国与齐国结盟，若要攻打楚国，就需破坏齐楚同盟，如何将齐楚同盟搅黄，这是问题所在。最后张仪选择从楚国下手，晓之以理，诱之以利，让楚怀王亲手将齐楚同盟破坏。

秦惠文王十二年（前314），秦惠文王命人为张仪准备好了车马、粮草、钱财，张仪带领几名随从往楚国赶去，张仪此去是要说服楚怀王与齐国绝交，转而与秦国交好。

张仪身负使命来到楚国，楚怀王对此十分重视，亲自出迎不说，更将张仪视若上宾。一国国君自降身份，迎接他国使者，这在中国历史上还真不多见。张仪见楚怀王如此，便知有戏。张仪虽然心中对楚国恨之入骨，但却是满脸堆笑与楚怀王及楚国大臣相谈甚欢。

张仪一副处处为楚国着想的姿态，对楚怀王道："秦西有巴蜀，大船积粟，起于汶山，浮江已下，至楚三千余里。舫船载卒，一舫载五十人与三月之食，下水而浮，一日行三百余里，里数虽多，然而不费牛马之力，不至十日而距扞关。扞关惊，则从境以东尽城守矣，黔中、巫郡非王之有。秦举甲出武关，南面而伐，则北地绝。秦兵之攻楚也，危难在三月之内，而楚待诸侯之救，在半岁之外，此其势不相及也。夫弱国之救，忘强秦之祸，此臣所以为大王患也。"

张仪将楚国现下所处的形势及其面临的众多危机一一摆在了楚怀王的面前，这些楚怀王其实比张仪更加清楚，但是当张仪将楚国种种不利道出来的时候，楚怀王突然有一种命不久矣的感觉，听得他毛骨悚然。

其实张仪所说并非危言耸听，形势确实如此。秦国据有巴蜀以后，对楚国形成包围之势，楚国的处境岌岌可危。楚国西南门户大开，秦国不论往南还是往东均可顺流而下，直捣楚国腹地，秦国的威胁是楚国难以逃脱的灾难。

楚怀王听张仪将秦国的意图如实相告，对他更加亲近，知道张仪此番前来，也必定是无事不登三宝殿，便听张仪将来意讲明。原来秦国想以商於地方的六百里土地和秦国美女换取秦、楚联姻，当然秦国也不会做赔本的买卖，秦国的条件是楚国与齐国废除盟约。

楚怀王苦于秦国对楚国的威胁，早就有了向秦国妥协的打算，只是苦于没有途径，现在张仪竟以六百里秦国土地与秦国美女相许，楚怀王自然心动，这是天上掉馅饼的好事，何乐而不为呢？眼前的这份大礼实在诱人，楚怀王一心沉浸在不战而得秦国六百里土地，还有美女赠送的喜悦中，没有太多的考虑，楚怀王就应允了张仪，跳进了张仪设的陷阱里。

天下没有免费的午餐，谁又会做赔本不赚的买卖，况且这个人是聪明绝顶的张仪呢？楚怀王作为一国国君，生于战国这样的乱世之中，仍旧没有参透这简单的处世之道，真是悲哉。为了眼前的丁点利益而与齐国断绝联盟关系，陷楚国于更危险的境地，这是目光短浅的行为表现。当然在张仪的阴谋还没有被揭穿之前，楚怀王仍旧在美梦中没有苏醒。

张仪乐呵呵地打道回府，徒留楚国一片争论之声，到底发生了什么事情？原来，是我们前面讲到的老熟人陈轸登上了舞台，发出了与众不同的声音。

丹阳之战

诚信法则是人与人相处的一座桥梁,这个法则在国家与国家的交流中同样生效。但是,政治中的道德与人与人之间的道德有所不同。为国家利益而做出不诚信的行为在政治中比比皆是。这种丧失道德的行为不但不会受到指责,反而被认为是一种大智慧,即所谓兵不厌诈。

张仪出使楚国将楚怀王骗得团团转。尽管张仪有失诚信,但后人对他仍竖起大拇指,大赞其智慧。我们再来回味一下,张仪那段极具诱惑力的话:"弊邑之王所说甚者,无大大王;唯仪之所甚愿为臣者,亦无大大王。弊邑之王所甚憎者,无大大齐王;唯仪甚憎者,亦无大齐王。今齐王之罪,其于弊邑之王甚厚,弊邑欲伐之,而大国与之欢,是以弊邑之王不得事令而仪不得为臣也。"

前文中曾经提到,张仪与楚相尚有一段恩怨未结,被冤枉偷和氏璧的耻辱让张仪终生难忘,被暴打差点致残的疼痛,让张仪仍痛在心里。张仪对楚国不但没有好感,还充满着仇恨,但是,张仪却掩饰得极好，不但与楚怀王相谈甚欢，还将马屁拍到了九霄云外，弄得楚怀王云里雾里晕头转向，美哉乐哉。

当然几句夸赞的话，对张仪来说并不是难事，而这也不足以达到张仪的目的，张仪接着抛出了重头弹，这下让楚怀王当真醉倒在美梦中，张仪道："大王苟能闭关绝齐，臣请使秦王献商、於之地，方六百里。若此，齐必弱，齐弱则必为王役矣。则是北弱齐，西德于秦，而私商於之地以为利也，则此一计而三利俱至。"

张仪来楚国之前，就已经做好了完全的准备，楚怀王是什么样的人物，张仪必定是调查过的，所谓"利令智昏"这话送给楚怀王作为标签最为恰当。摸清了楚怀王的底牌，张仪按理出牌，楚怀王终究是被牵着鼻子走了，小小的利益诱使他毫不犹豫地出卖了盟友。

张仪的智慧在于为达到自己的目的，却处处表现出为他人着想的假象，也许旁人尚能够抵挡这样的糖衣炮弹，但是楚怀王就不能。事情进展得相当顺利，一段拍马屁的话，一个空口无凭的割地许诺，就摆平了楚怀王，可见楚怀王的智商高不到哪里去。

结局可谓是皆大欢喜，暂时的皆大欢喜，张仪达成了任务，楚怀王不费一兵一卒得了六百里土地，尽管这土地还没有到手，却足以令楚怀王提前高兴一阵子，对于双方来说，这是一个完满的结局。

楚怀王更将张仪视为上宾，吃喝玩乐样样置办妥当，张仪在楚国享乐一番，便起程回秦国去了。楚怀王让楚将逢侯丑跟随张仪入秦，办理两国结盟与割让土地事宜。一路上，张仪与逢侯丑游山玩水，喝酒吃肉，不亦乐乎。逢侯丑不疑有他，更加坚定了与秦国结盟的事情。

张仪走后，楚怀王将此事公布于朝廷："不縠得商於之田，方六百里。"楚怀王洋洋自得，准备接受群臣的朝贺。也许是因为在位多年始终没有什么成就，如今终于办成了一件值得炫耀的事情，总要拿出来显摆显摆。事情正如楚怀王预想的那样，群臣皆朝贺，这样楚怀王更觉得做了一件了不起的大事，越发春风得意起来，但是群臣之中却有个特立独行者——陈轸。陈轸让楚怀王觉得真是大煞风景，不过这也反而吊起了楚怀王的胃口。

楚怀王命人将陈轸唤来，脸色沉重，张口便问："不烦一兵不伤一人，而得商於之地六百里，寡人自以为智矣！诸士大夫皆贺，子独不贺，何也？"

意思是说，不费一兵一卒就得到了秦国商於六百里的土地，我是不是很聪明，楚怀王仍旧在卖弄才智。只是，此时"自以为智"这话从楚怀王的嘴中说出来，不久之后便自打嘴巴，让人哭笑不得。这个我们暂且不论，且看陈轸是如何回应的："臣见商於之地不可得，而患必至也，故不敢妄贺。"

陈轸一语中的，指出楚怀王恐怕不能如愿以偿，此话一说，楚怀王的脸色立即黑了下来。这话太不中听，让楚怀王颇受打击。所幸楚怀王仍旧保持着绅士风度，忍着怒气将心中的疑虑问出。陈轸也不客气，将心中所虑娓娓道来：

"夫秦所以重王者，以王有齐也。今地未可得而齐先绝，是楚孤也，秦又何重孤国？且先出地绝齐，秦计必弗为也。先绝齐后责地，且必受欺于张仪。受欺于张仪，王必惋之。是西生秦患，北绝齐交，则两国兵必至矣。"

作为糖衣炮弹之下的清醒者，陈轸的考虑甚是周全，并且合情合理，秦国把楚国当回事，重视与畏惧的是楚国与齐国的结盟，一旦齐、楚断绝关系，楚国便孤立无援，秦国哪里还会把楚国放在眼里？

与齐国绝交之后的楚国，孤立无援不说，还树下了敌人。西有强秦，北有齐国，形势非常险峻。良药苦口，楚怀王正沉浸在既得地又能抱得美人归的美梦中，哪里还听得进陈轸的苦口婆心？

陈轸修纵横学，善辞令，楚怀王见说不过他，又不肯认输，气呼呼地道："吾事善矣！子其弭口无言，以待吾事。"谁也说服不了谁，孰是孰非，那就用事实说话吧。用事实去实践理论的正确与否，这是一个完美方略，但是这不是在做实验，而是切切实实关系到国家的命运与百姓能否安康，这个代价实在是太大了。

楚怀王有些迫不及待，紧急下达了与齐国绝交的指令，只等着割地之事早日办妥，也了却自己的一桩美事。但是左等右等，仍然不见动静，楚怀王有些心急，莫非出了什么岔子？他寝食难安，便命人去打探。

话说张仪一点动静都没有，这是怎么回事？原来张仪使了一招苦肉计，为的就是让楚国与齐国彻底闹翻，毫无回旋的余地。在回秦国的路上，张仪假装从车上摔下，三个月没有上朝，楚人找不到张仪，这可急煞了楚怀王。

楚怀王日思夜想，最后得出结论，张仪肯定是觉得楚国做得不够出色，才玩起了避而不见的把戏。楚怀王赶紧命人到齐国再申绝交事宜，并且臭骂了齐国一顿。这招果然见效，张仪终于肯露面了。

张仪从楚国回来以后，面临一个险境，秦惠文王对于割六百里土地给楚国的事情全然不知，一旦秦惠文王知道，割地之事是决然不能允许的。张仪必须自己想办法解决这六百里土地的事情。

在割地之前，必须彻底地拆散齐楚联盟，而齐、楚绝交以后，又断然不能真的将六百里土地奉上。张仪绞尽脑汁，终于想出了一个万全之策，足以把楚怀王气得七窍冒烟。

张仪闭关三月后出山，见了楚国使者，两人有了这样一段经典的对白，张仪道："从某至某，广从六里。"使者曰："臣闻六百里，不闻六里。"使者已经有些丈二和尚摸不到头脑了，怀疑自己出现了幻听，明明说好的六百里怎么眨眼间缩小了一百倍，成了六里？

张仪表现得既大义凛然又茫然无辜："仪固以小人，安得六百里？"这样一来，使者无话可说了。无凭无据，又没有白纸黑字，使者只得沮丧地回楚国了，迎接他的是楚怀王的暴风骤雨。

一场张仪引发的战争

"计者,事之本也;听者,存亡之机也。计失而听过,能有国者寡也。"好的计谋关乎国之根本,但是有好的计谋却不采纳,那么距离家破国亡就不远矣。当日楚怀王与陈轸争辩多时,最后楚怀王一意孤行,执意要用事实证明他的明智,结果却适得其反,落得一个惨失盟友、孤立无援的下场。

楚国与齐国彻底闹僵,楚怀王盼望入秦使者能够早日归来,带回好消息。但是,当使者垂头丧气、风尘仆仆从秦国赶回时,楚怀王的美梦彻底破灭了。这一切来得太突然,让楚怀王难以置信。当日张仪是如何地信誓旦旦,怎么转眼之间就成了一个谎话连篇的大骗子?楚怀王瘫坐在软榻上,依旧没有想明白这是什么情况。

一夜的无眠,一夜的休整,楚怀王将事情前前后后理顺,终于明明白白地清楚了,他被张仪给耍了,狠狠地耍了。楚怀王抓狂了,大发雷霆的他将寝宫中的瓶瓶罐罐摔倒在地,握着滴血的拳头,心中下定了决心不杀张仪誓不休。

人物故事图册·吹箫引凤图　明　仇英

蓬壶春晓图　清　王云

看着因为仇恨而充满斗志的楚国国君，我们心中除了可怜还有感叹，堂堂一国国君竟然能够愚钝到如此地步，也难怪一个本可与秦国分庭抗礼的泱泱大国在他的手中堕落。张仪仅仅一张嘴，开了一张空头支票，没有任何的凭证就让楚怀王做出了与齐国绝交的行为，楚怀王如此草率也难怪会掉入张仪的陷阱之中了。

愤怒的楚怀王，立即展开军事会议，整军伐秦，以报被欺之仇。群臣唯唯诺诺，均是木偶，听命行事，不敢提出反对意见，唯独我们的老熟人陈轸敢于直言。陈轸向前一步，对楚怀王道："臣可以言乎？"

楚怀王虽贵为君主，但颜面还是看得很重的，与齐国绝交事宜，被陈轸一语中的，楚怀王甚是颜面扫地，自拍耳光。此时陈轸站出来，楚怀王颇为难堪，又不能剥夺臣子的发言权，便默许了陈轸的请求。

陈轸再次与楚怀王唱起了反调："伐秦非计也，王不如因而赂之一名都，与之伐齐，是我亡于秦而取偿于齐也。楚国不尚全乎？王今已绝齐，而责欺于秦，是吾合齐、秦之交也，国必大伤。"

陈轸不赞同伐秦，毕竟楚国与齐国刚刚闹僵，若是再与秦国结仇，就非常危险了，不如反其道而行，不但不与秦国计较六百里土地的事情，反而割地给秦国，趁机与秦国结盟，然后借助秦国的力量攻打齐国，从齐国那里获得补偿的同时还削弱了敌国。

以智慧的眼光来看，从楚国当前情形出发，陈轸的主张是个妙计，不但能够结交秦国还能削弱齐国。但是，楚怀王听到以后非常不爽，被张仪愚弄的那口气仍然堵在胸口，无处发泄，非要一战方能解气心头大恨。

对于陈轸，楚怀王的耐性也开始显得不足了，一而再再而三地容忍，这陈轸却越发蹬鼻子上脸。贪婪者同时也是吝啬者，楚怀王一心想要从别国得到土地，一听要割地向秦国求和，就把陈轸的意见否决了，意气用事的他，决心非要好好教训一下张仪不可。只是，楚国当真有那样的实力吗？因为对手不只是秦国，还有它昔日的盟友——齐国。

楚怀王再次置陈轸的谏言于不顾，按照自己的意愿一意孤行，战争不可避免了，同时不可避免的还有失败和楚国悲惨的前途。在此，我们不得不再一次大骂与感慨，大骂楚怀王的愚蠢，感慨在专制政权之下，君主的智慧与才学对一个国家的存亡是如此重要，可以令国兴也可以令国衰，甚至是国亡。

周赧王三年（前312），楚怀王命屈匄为统帅，领兵伐秦，扬言要活捉张仪。发挥我们的想象力，以楚怀王现在的心态，若当真捉住了张仪，恐怕不会给张仪一个痛快，定要将他千刀万剐方能泄心头之恨，或许楚怀王也是这样的想法，但是，梦想总是美好的，现实却总是冰冷而残酷的。

仇恨蒙蔽了楚怀王的双眼，让楚怀王没有想到的是，齐国会出兵相助秦国。当日，楚怀王命人到齐国对齐国泼妇般大骂，这份屈辱，齐国怎会不报复？

楚怀王盲目自大，出动十万大军以为足以应对强秦，却不幸遭遇了滑铁卢。秦国以魏章迎战，又兼有齐国相助，对楚国形成夹击之势，在丹阳大破楚军。楚怀王的斗志尚存，又倾全国之兵前来支援，结果在蓝田再次遭遇惨败。

背腹守敌的楚军顾此失彼，毫无还击之力，当仅有的两万士卒逃出重围，回到楚国的时候，秦国已经占据了楚国大片土地。更加雪上加霜的是，乘人之危者这个时候也纷纷伸出了黑手，不论是魏国还是韩国也乘机占据了楚国的部分领土。

楚怀王慌了，楚国的大臣也慌了，情况与料想的完全不同，这时的楚怀王突然意识到一个问题，那就是与齐国的结盟是求生存的最佳方案。自从张仪到楚国走了一趟以来，形势就开始失控，但是，不管怎样，楚怀王从来没有对自己的决策后悔过，经历了这样惨败的一战之后，楚怀王终于认清了形势。诚如陈轸所说，秦国之所以会重视楚国，原来全赖于齐楚同盟的关系。

让人庆幸的是，楚怀王还算知错就改，他命屈原前往齐国负荆请罪，请求与齐国重修旧好，但是，亡羊补牢，不知晚否？派屈原出使楚国的同时，楚怀王终于把陈轸重视起来，派他到秦国去求和。

陈轸来到秦国，秦惠文王居高临下，底气十足，自然也知道陈轸此来的意图，便提出以秦国商於之地来换取楚国黔中之地作为讲和的条件，任陈轸聪慧，也没有讲价还价的余地。回到楚国，陈轸将秦惠文王所言告知楚怀王，群臣皆无语，在一片寂静之中，楚怀王做出了一个让众人大跌眼镜的决定："不愿易地，愿得张仪而献黔中地。"

楚怀王被仇恨蒙蔽了双眼，看来中毒不浅，提出秦国若能够奉上张仪，楚国便以黔中之地相送。土地的争夺是发生战争的最为主要的根源，在冷兵器时代，一场战争，不知道要牺牲多少人的性命，才能换来一席之地。丹阳之战、蓝田之战楚国十几万大军，仅仅有两万幸存者，这样的代价之后，楚怀王却是奉上大片土地，换得张仪一人，这样的代价也未免太大了。这个时候，任谁都想去把楚怀王踹两脚，无奈，谁让他生在君主之家呢？

以张仪换取黔中之地，这个买卖对秦国来说，稳赚不赔。朝中大臣多有劝秦惠文王立即送张仪起程上路者，这也难怪，自从来到秦国，张仪一人抢占了多少人的风头，朝中自然有众多眼红者，而张仪这一去，恐怕是羊入虎口，有去无回。如此一来也算是为众多的人谋福利了，但是让秦惠文王做出这样的决定却有些困难。

张仪是个功臣，自从张仪来到秦国以后，出谋划策，甚是卖力，立下了汗马功劳，但是现在却为了更多的利益将他送往虎口，这是对待功臣之道吗？就算秦惠文王有这样的心，也没颜面对张仪提这样的要求。不仁不义的罪名秦惠文王承担不起，若当真将张仪送到楚国去，这以后谁还肯为秦国效力？但是，黔中之地着实充满诱惑，秦惠文王陷入两难之中。面临这些，张仪又有怎样的举动，他最终能否虎口脱险？

虎口脱险

一个有智慧的头脑可以拯救上千个头颅,张仪很好地诠释了这句话。同时张仪也确信,哪里有智慧哪里就有出路,所以当秦惠文王陷入两难境地的时候,张仪恰当时机地站了出来,大手一挥,大义凛然的一声"臣愿去",不仅让秦惠文王热泪盈眶,更让那些心怀不轨的嫉妒者内心惭愧——这才是为臣者当做的事情。

张仪自告奋勇,愿意只身冒险,秦惠文王在感动之余也不禁为张仪捏了一把汗。张仪此去凶多吉少,这是可以想象的。楚怀王花了那么大的血本换得张仪一人,自然不会轻易放过他,张仪惨死的景象在秦惠文王眼前一闪而过,让秦惠文王不禁打了一个寒战。张仪面临的是未知的刁难与无尽的折磨,秦惠文王有些于心不忍。

这日,秦惠文王召见张仪,君臣二人掏心掏肺,秦惠文王心情沉重,反观张仪倒显得异常镇定,秦惠文王问:"楚将甘心于子,奈何行?"张仪怎会不知道到了楚国将面临什么?但是张仪自有他的打算:"秦强楚弱,大王在,楚不敢取臣。且臣善其嬖臣靳尚,靳尚得事幸姬郑袖，袖之言，王无不听者。"

原来，张仪已经想好了出路。张仪说的这段话有两层意思：一方面，强秦是他坚强的后盾，另一方面，张仪提到了楚国的两个人，一个是靳尚，一个是郑袖，至于这两个人是何许人，我们在后面会讲到。

秦惠文王听张仪这么一说，又想到张仪谋略超凡，也许当真能够化险为夷，平安归来。有了希望，哪怕是渺茫的，秦惠文王不论是良心上还是情绪上都稍微有了些安慰。

秦惠文王为张仪置办好了行囊，临行前又为他准备好了奇珍异宝，让他到了楚国以后打点达官贵人，免遭受苦。秦惠文王亲自为张仪送行，眼见马车渐行渐远，秦惠文王久久没有离去，不知道这一走，还有没有回头路，前面充满着太多的未知，想及此，秦惠文王大叹一声，生死有命，眼眶不禁湿润了。

马车颠簸，张仪心中五味俱全，虽然在众人面前表现得洒脱，但张仪心中亦是没有底的，虽然胸中已经有了计策，但是能不能行得通也未可知。楚怀王此次大动干戈，又以战略要地——黔中作为交换条件，这样的大手笔，心中的仇恨必然是不浅的，张仪知道，此去实属冒险。但人生本来就是一个不断冒险的过程，对于任何人来说，前途都是未知的，搏一搏才有峰回路转、柳暗花明的机会。张仪叹息着，纵然有满身的智慧细胞，但毕竟也是常人，不是万能的，此时的他有些赶鸭子上架，硬着头皮上阵的错觉。罢了，船到桥头自然直，只能按照既定的计划行事了，是成是败，就只能看天意了。

张仪到了楚国以后，没有立即去面见楚怀王，而是秘密会见了上官大夫靳尚。据史书记载，靳尚是奸诈小人，在《离骚经序》中有一段话，对靳尚的鬼脸有描述："（屈原）入则与王图议政事，决定嫌疑；出则监察群下，应对诸侯，谋行职修，王甚珍之。同列大夫上官靳尚，妒害其能，共谮毁之。"靳尚没有什么才学，却干一些陷害忠良的勾当。

但凡小人，都有一个通病，那就是唯利是图，视财如命，这个靳尚也不例外，这对张仪来说，是件好事。此时的张仪，能够派上用场的就是他的智慧与所携带的金银财宝。靳尚身居上官大夫，是楚怀王的侍臣，当然仅凭这一点尚不足以让张仪引起重视，这个靳尚与楚怀王夫人郑袖走得非常近，张仪需要借助的是郑袖的力量。

张仪见了靳尚以后，送上了一大笔见面礼，靳尚见到金银财宝眼睛已经移不开了。靳尚当然明了张仪所求之事，收人钱财，自然要替人消灾，事情有些棘手，但是看在钱财的分上，靳尚自然要冒一下险。张仪见靳尚那副嘴脸，心中又多了份把握，心胸也骤然开阔起来，毫不犹豫地去面见楚怀王去了。

楚怀王见了张仪，气不打一处来，恨不能将之千刀万剐，冷哼一声。楚怀王咬牙切齿地命人将张仪关了起来，张仪命在旦夕，仍不动声色，决然没有求饶的打算，这让楚怀王非常挫败，仿佛做的这一切都丧失了意义。

张仪被囚禁起来，择日就要问斩，靳尚这边马上行动起来，不然为时晚矣。靳尚贪婪至极，却是个一毛不拔的铁公鸡，所幸他虽然没有什么大才，却还有点小聪明，靳尚只身来到郑袖处，心中已经有了主意，不花一分钱，说服郑袖向楚怀王求情放掉张仪。

郑袖，楚怀王的宠姬，时年已四十多岁，依旧得宠于楚怀王，必然有着过人之处。此人有过人的智慧,又心狠手辣,才得以剪除对手,在后宫中独领鳌头。对于此人,我们就从一个小故事来领教一下她不动声色的谋略。

作为一国国君,楚怀王身边必定是美人无数,而魏美人就是其一。这魏美人生得如花似玉,又极尽温柔,颇得楚怀王宠爱,楚怀王其他姬妾多有怨恨者,但是郑袖却是个例外。

郑袖对魏美人形同姐妹,吃喝玩乐,无不把最好的留给她,在楚怀王面前还多番夸赞她。后宫之中无人不知郑袖对魏美人的好,所谓投桃报李,备受孤立的魏美人在郑袖这里得到了一份珍贵的姐妹之情,必然对郑袖掏心掏肺,将其看作知己。

一年多的相处,二人已经无话不谈,但就是郑袖将魏美人温柔地送上了绝路。魏美人对自己的鼻子颇为不满,郑袖就拿这事做起了文章,这日,郑袖凑至魏美人耳边,非常担忧地告诉她,楚怀王对魏美人的鼻子有些怨言,这话一说,正好碰到了魏美人的痛处。

魏美人脸色大变,可惜那个时候还没有整容的技术,魏美人惨兮兮地向郑袖征求意见。郑袖便建议她,见到楚怀王的时候,以手帕掩住鼻子。可就是这样一个法子,葬送了魏美人花样的年华。自那之后,魏美人次次见楚怀王都掩着鼻子,楚怀王问起,魏美人又支支吾吾,不肯说。一头雾水的楚怀王知道郑袖与魏美人走得近,便去问郑袖,这郑袖的嘴脸终于露出了本来面目。

郑袖悄然告诉楚怀王,魏美人闻到楚怀王身上有股怪味,是以每次见到楚怀王都以手帕掩鼻。楚怀王的脾气顿时上来了,火冒三丈的他也不听魏美人解释,便命人将她的鼻子割去。从此,后宫之中再也没有了魏美人的身影。

故事讲完，我们对郑袖也有了进一步的了解，不动声色就铲除了情敌，还留下了一个好名声。那么对于这样一个聪明人，靳尚能否说服，达到自己的目的呢？

这日，靳尚来到郑袖处，以一副处处为其着想的姿态说了这样一番话："秦王甚爱张仪，将以上庸六县及美女赎之。王重地尊秦，秦女必贵而夫人斥矣。"这话对郑袖非常具有杀伤力，对于张仪的死活，郑袖并不关心，她所在意的是，秦国若当真送来美女，必然抢了她的风头，已经过了而立之年的她，已然愈发对自己失去信心。

郑袖不能允许这样的事情发生，便跑到楚怀王那里大哭大闹："臣各为其主耳。今杀张仪，秦必大怒。妾请子母俱迁江南，毋为秦所鱼肉也！"这话对楚怀王同样具有杀伤力，秦国的实力楚怀王已经见识过了，这不是它楚国能够惹得起的。

楚怀王有些举棋不定，这个时候，靳尚又在旁煽风点火，加了一把火力。随后，靳尚与郑袖你一言，我一语，让楚怀王没了主见，脑袋一热，答应放了张仪。靳尚与郑袖两人换看一眼，不禁眉开眼笑。

张仪顺利虎口脱险，再看楚怀王，我们不觉有几分可怜了，被多次玩弄于股掌之中，自张仪出使楚国以来，便连遭惨败，事事不顺。当夜深人静的时候，楚怀王头脑冷却之后，必然对放掉张仪之事而后悔不已。

"凤凰男"燕昭王

南登碣石馆,遥望黄金台。

丘陵尽乔木,昭王安在哉?

霸图今已矣,驱马复归来

——陈子昂《燕昭王》

燕国能够登上战国七雄的榜单,自然也不是等闲之国。历史的车轮走至燕昭王时期,燕国已经有了三十九代的历史。燕昭王是燕国历史上一位怀有雄心壮志的君主。他能够登上国君之位,却经历了一番波折。

燕昭王,名职,燕王哙之子。燕王哙一生没有什么作为,到退位的时候却做了一件在燕国历史,乃至在中国历史都足以让人津津乐道的事情,那就是学先祖尧、舜、禹,上演了一部禅让的大戏。

燕王哙昏聩无能,却非常有自知之明,在旁人的唆使下,将君主之位让给了燕国的丞相子之。史书中关于子之的记载并不多,我们也无从查证,这个子之到底能有多大的能耐,能够得此荣幸?

战国时期，父死子继已经成为不争的传统，不管儿子贤明与否都是合法的继承人。也许是出于对国家前途的考虑，抑或是受到奸人的挑拨，燕王哙不计后果地将王位给了子之，这必然引起自己儿子的不满。身为太子的平对父亲如此安排甚是恼火，君主之位他觊觎已久，况且也本该属于他。愤怒的他揭竿而起，领兵攻打子之，支持太子平的燕将尾随其后，气势汹汹地为权力而战。

子之当然也不会坐以待毙，整军迎战，燕国历史上一场重大的兵变不可避免地发生了，燕国陷入大乱之中。在战国这样的乱世之中，大的内乱是非常危险的，这不仅是对燕国国内来说，更是对于燕国所处的周边形势来说，作为三足鼎立之一的齐国正虎视眈眈，眼盯着燕国伺机而动。

这一时期的齐国，联合魏国灭掉宋国，一心想要与迅速崛起的秦国分庭抗礼。灭六国，一统天下同样也是齐国的目标，所以侵扰兼并其他诸侯国成为必然。周边各国不胜其扰，对齐国甚是反感，燕国便是其一。但是，齐国有实力却是一个不争的事实，以现下燕国之力根本无法与齐国相抗。

燕国忍气吞声，隐忍多年，却越发助长了齐国的骄横之气。燕国内乱，齐国是分外高兴的，趁此大捞一笔这样的好事，齐国自然不会错过。正当公子平与子之闹得不可开交而只可自顾的时候，齐宣王命人攻打燕国，此时的燕国哪里还经得起外敌？不到两个月的时间，齐军就攻入了燕国的都城蓟，燕王哙惨遭杀害，子之更惨，竟然被剁成了肉酱，公子平不知所终。

成业易，守业难，齐国轻而易举将燕国拿下，对燕国的管理却不得其法，燕国人民起义不断，这主要源于齐国对燕国百姓的残暴。以暴制暴这种做法有时候很容易起到适得其反的效果。齐国在燕国鱼肉两年，最后在燕国人民与各诸侯国的反抗与干涉下被迫撤兵，燕国终于重得自由。

重获自由的燕国依旧面临严重的内忧外患，没有一个有才干的领导者，燕国依旧是一盘散沙。在赵武灵王的干涉下，从韩国迎回了作为质子的公子职，并将其推上君主之位，就是后来大名鼎鼎的燕昭王。

燕昭王即位以后，燕国的混乱局势仍旧没有结束，在内乱中侥幸生存下来的公子平再次聚集了一班追随者，图谋君主之位。燕昭王在韩国做质子多时，没有培养起自己的势力，所幸得其母相助，才顺利打败了公子平。

燕昭王的母亲易王后，是秦惠文王的公主，眼见燕昭王在与公子平的战斗中处于下风，便请求秦国的支持。秦国趁机施恩于燕国，联合魏国一同攻打太子平，太子平兵败被杀，燕国内乱终于平定，秦国也趁此与燕国结成了盟国。

燕昭王胸有大志，又目睹了齐国对燕国的欺辱，一心想要报仇雪恨。以燕国目前的状况，想要一洗国耻并非易事，燕昭王自然也有自知之明，让燕国强大起来，这不仅是当务之急，更是硬道理。

这日，燕昭王来到朝堂之上，放眼望去，一无忠臣，二无良将，燕昭王犯了愁，让这样一个诸侯国强大起来，实属不易。燕昭王在脑海中搜索着，燕国之大，谁能够与他共谋大业，一闪间，燕昭王想到了一个人，此人乃是老臣郭隗，郭隗虽年老退休却颇有见地，不如找他去商讨对策。

事不宜迟，燕昭王亲往拜访了郭隗，二人探讨当今形势，感叹齐国是如何欺人太甚,相谈甚是投机。最后燕昭王说明来意,燕昭王道:"寡人将谁朝而可?"意思是说,我将要拜访谁好呢?

郭隗没有正面回答燕昭王的话,而是以一个千金易死马的故事启发燕昭王:"臣闻古之君人,有以千金求千里马者,三年不能得。涓人言于君曰:'请求之。'君遣之。三月得千里马,马已死,买其首五百金,反以报君。君大怒曰:'所求者生马,安事死马而捐五百金?'涓人对曰:'死马且买之五百金,况生马乎?天下必以王为能市马,马今至矣。'于是不能期年,千里之马至者三。"

死掉的千里马,尚且能够得到如此重视,必然会有众多的活千里马投奔而来。燕昭王似懂非懂,对郭隗所说的了解并不分明。故事讲完,郭隗接着给燕昭王一个建议:"今王诚欲致士,先从隗始;隗且见事,况贤于隗者乎?岂远千里哉!"意思是说,国君你现在要招揽天下有才德之士,那就从我郭隗开始吧,像我这样的人尚且能够得到重用,何况是那些比我更加贤能的人,他们难道会因为路途遥远而不来投奔大王吗?

燕昭王恍然大悟,欣喜不已,对郭隗更加敬佩。大受启发的燕昭王回去以后便命人建造了一座金碧辉煌的房子,其繁华可堪比宫殿。待房子建好了以后,燕昭王又择了一个良辰吉日亲自前往郭隗住处,隆重将其接来,对其毕恭毕敬,堪比孝敬自己的父母。

在优待郭隗之外,燕昭王为笼络人才,还在沂水建立起了一座高台,储备黄金,以作为招揽人才的费用,此处便是陈子昂诗中所提到的"黄金台"。

燕昭王优待老臣郭隗,高筑黄金台的消息不胫而走,一时间,天下有才学之士纷纷赶往燕国,可谓是人才荟萃,其中不乏杰出者，如从赵国而来的剧辛，从齐国来的邹衍，从卫国来的屈庸，从魏国来的乐毅，等等。在此，我们不得不一提邹衍与乐毅二人。

邹衍，齐国人，是我国历史上阴阳学派的创始者，他根据阴阳五行所创立的五德终始说以及大九州说影响深远，五德终始说成为朝代更替的有力说辞，而以大九州说为依据划分地缘亦影响至今。

邹衍在这一时期已经名气颇大，各国君主对其不敢懈怠，而燕昭王尤甚，据说邹衍来到燕国，燕昭王亲自在前拿着扫把扫地为其清洁道路，入座之时，也坐在邹衍的下座，更为邹衍特意建造了一处宫殿专供讲学，这就是开头诗中所提到的"碣石宫"。

说到乐毅，但凡有些历史常识的人，必然是知道的。乐毅，赵国人，才学出众，主攻军事，来到燕国以后，招募士卒，训练军队，为燕国培育了一支强大的军事力量。

招贤纳士只是燕昭王登基后的第一步棋，之后他还进行了各项改革，积聚燕国实力，并积极与周边各国建立融洽的关系，向攻打齐国，报仇雪恨一步一步迈进。

武王的彪悍人生

秦国蒸蒸日上,野心勃勃的秦惠文王据有巴蜀,打开了楚国的西南大门,一步一步向着他的一统天下的梦想前进着,蜀地却在这个时候发生了叛乱。秦安插在蜀地以监视蜀侯的蜀相陈庄发动叛乱,拥兵自重的陈庄杀死蜀侯,还向秦国邀功,请求封赏。眼见陈庄在蜀地作威作福,俨然成了蜀国新主,而脱离秦国附属的趋势也日益显现,秦惠文王甚是担忧,这是一颗眼中钉,必须要拔除。

巴蜀的战略位置十分重要,一方面,此地在楚国的后方,可方便对楚国形成包抄之势,另一方面,此地山川险要,易守难攻,一旦失去,再想夺回,如果没有恰当的机缘,那是非常困难的。对于蜀地的叛乱,秦惠文王十分重视,正准备对其用兵,却病倒在床。岁月不饶人,秦惠文王走南闯北也劳累了,况且病来如山倒,病去如抽丝,秦惠文王这一病,就再也没有起来。

病榻之上,秦惠文王交代后事,立下遗嘱,然后一命呜呼。秦惠文王从周显王三十一年(前338)即位到周赧王四年(前311)

去世，在位二十七年，这期间正是秦国崛起之时。

从车裂商鞅却仍延续商鞅变法，到重用张仪实施连横，再到后来打通中原通道，夺取魏国领地，最后攻占巴蜀，占领汉中要地，这是秦国政策的一个重要转变。这一时期，秦国战略从国内的改革变法转向对外扩张，领土面积在这一时期扩大了数倍，而关中之地与巴蜀之地不但有天府之国之称，更是秦国一统天下的两个重要根据地，这为秦国之后的兼并六国，一统天下奠定了坚实的基础。

秦惠文王死后，秦国的崛起之路并没有因此而止步。依照秦惠文王遗嘱，太子即位，是为秦武王。秦武王，名荡，秦惠文王之子。荡这个名字，寄予了秦惠文王对儿子的期望，更是秦国历代君主的期望，那就是称霸中原，荡平天下，只是不知道秦武王能否担负起秦国祖祖辈辈的期望。

秦武王即位时仅有十八岁，放到现在，这个年纪仍旧是个孩子贪玩的年纪，但是秦武王已经担负起一个诸侯国一统天下的重担。秦武王英年早逝，年仅二十三岁，却在史书上留下了不少的印迹。

秦武王即位之初，面临着众多的内忧外患。新君登基，政局不稳，这很容易给别国可乘之机，特别是周边各国。秦武王登基之时，齐国、楚国、韩国、魏国、越国纷纷派使臣前来祝贺，各国使者承担使命而来，名为祝贺，实则各怀鬼胎，互为牵制，伺机而动。

秦武王尚年幼，却已不是一个一心贪玩的孩子了，况且还有身边诸谋臣的辅佐，对于各国心思，秦武王也是略知一二的。对于这场各国使臣俱赴的盛宴，秦国有自己的打算，各国使者纷至沓来，恰为秦武王提供了一个联络有利诸侯国对抗共同敌人的机遇。

秦武王首先将目标投向了越国，作为春秋时期的最后一霸，越国虽然在进入战国以后未能进入七雄榜单，但越国的实力仍旧不容小觑。作为东南地区第二大国，越国与楚国的恩怨那就不言而喻了。

楚国、越国在东南分庭抗礼，楚国一心想要吞并越国，而越国也意图蚕食楚国，取代楚国位置。但是，两诸侯国相抗多年，双方各有胜负，吞并蚕食彼此的愿望也一直没有实现。多年的敌对，让这两个诸侯国成为世仇，鉴于此，秦武王准备抓住时机，再给楚国一次重击。

越国使者来到以后，秦武王将其视为上宾，并亲自接见，越国虽大，但远不及秦国，越国使臣能得到如此待遇，可见秦武王的重视程度之大。秦武王与越国使者大谈天下形势，再叙秦国与越国旧情，最后秦武王提出结盟共攻楚国的提议，此提议一出，便得到了越国使者的赞同，最后，越国与秦国达成共识，共同夹击楚国。

楚国的危机解除，韩国、魏国虎视眈眈，妄图趁秦国新君初立，政局变动之时攻打秦国。对于这一危机，秦国将如何化解关系重大。秦武王首先与齐国搞好关系，对齐国处处拉拢，其实自从齐楚同盟破裂以后，齐国已经逐渐倾向于秦国。在与齐国搞好关系的同时，秦武王还让叔父樗里疾接待韩国使者。

至于为什么让樗里疾接待韩国使者，这里面大有文章。樗里疾是秦惠文王的异母胞弟，他的母亲是韩国人，因为这层关系，樗里疾承担起再叙秦、韩之好，拉近与韩国的关系的责任。

对于魏国，秦武王拉拢齐国共同向其施压，如此一来，魏国也不敢轻举妄动了，秦武王通过一系列的外交政策，终于稳住了周边各国。当然，这些只是缓兵之策，并不能在根本上杜绝外患，但在秦国新君初立之时，处理好与周边各国的关系，为秦国稳定国内局势争取了足够的时间。

秦武王在即位之初，就通过外交手段拉拢各国，免去了秦国遭遇乘人之危的险况。一个不满二十的少年能做到如此，不免让我们生出赞叹之情，也不免想要对秦武王有更进一步的了解。

观史书，最充满趣味性的莫不是对秦武王喜好的记载。秦武王是个忠实的尚武主义者，此人威猛雄壮，史称有神力，这是秦武王非常值得炫耀的绝技，但是具有戏剧化的是，秦武王也正是丧命于此，这真是应了那句福祸相依的古训。

在靠武力说话的战国时代，尚武这也不是一件坏事，但是也要懂得过犹不及。秦武王有神力，便常常以比试力气为乐，对于同道中人也是惺惺相惜，或者将其提拔为将领，或者将其置于身边，这在中国历史上也算是一朵奇葩了。在此我们不得不说说乌获、任鄙与孟贲（字说）这三人了，《史记·秦本纪》有记载："武王有力好戏，力士任鄙、乌获、孟说皆至大官。"

对于乌获，他在秦武王在位期间有什么功绩，我们历观史书也没有找到记载，但是，对于他力气大的事实却是存在的，至于他的力气究竟有多大，史书中并没有明确的记载。据《战国策·燕策》所记："今夫乌获举千钧之重，行年八十而求扶持。"而《商君书·错法》也有类似的记载："乌获举千钧之重，而不能以多力易人。"

这千钧到底是有多重，我们可以换算一下，根据今日计量，一钧为三十斤，这千钧就是三万斤，能举起三万斤这是不可能的，这只能说史书中记载的只是夸大之说，不过乌获力气大我们却是毋庸置疑的。

任鄙也是当时有名的大力士，时有秦人谚语："力则任鄙，智则樗里。"《韩非子·守道》，也称："用力者为任鄙，战如贲育，中为金石，则君人者高枕而守己完矣。"可见，任鄙也是大力士中的佼佼者。

孟贲，字说，齐国人，也是因为力气大而得福，但正如我们前面所说的，福祸相依，孟贲因为力气大而获得荣华富贵，却也因此而赔进了一族人的性命，这却也得不偿失了，这个我们暂且在后面说。

对于孟贲，《东周列国志》有这样的描述："有齐人孟贲字说，以力闻，水行不避蛟龙，陆行不避虎狼，发怒吐气，声响动天。尝于野外见两牛相斗，孟贲从中以手分之，一牛伏地，一牛犹触不止。贲怒，左右按牛头，以右手拔其角，角出牛死。"

这里没有说孟贲能举多少斤，却给我们呈现了一个故事，足以震撼我们。徒手将打斗中的两头牛分开，并将一头不驯服的牛的牛角拔下来，这可不是常人所为，足见孟贲力气之大。

任鄙、乌获、孟贲三人均因为力大无比而被武王重用，我们的敬佩之情猛然又回到了原点，秦武王终究是个常人，将个人喜好带入政治，最终也在这一喜好上栽了一个大大的跟头，命丧黄泉，徒留惋惜。

息壤之盟

　　秦武王即位以后，以羁縻拉拢的办法暂且稳住了周边各国。待秦国政局稳定，秦武王的国君之位坐热了以后，便开始不安分起来。秦国往东进入中原，建立中原霸业的野心日益按捺不住。秦武王年轻气盛，更有建功立业的志向，眼见国内政局已经初步稳定，便把眼光转向了周边各诸侯国。

　　占据中原，取代周王朝，建立一统天下的大业是秦国的终极目标，为了实现这个目标，秦武王首先瞄准了宜阳。宜阳是韩国的战略军事要地，同时也是周王朝的都城洛阳的门户，得宜阳，便能够同时威胁韩国与周天子，是一箭双雕的好事。

　　其实，在秦惠文王时期，当时的谋臣张仪就曾经提到过往东攻打宜阳的战略，只是当时正赶上巴蜀相争，秦惠文王权衡利弊，便将主要力量放在了攻打巴蜀上，张仪的策略并没有得到重视。随着形势的发展，秦国占据了巴蜀，稳固了战略后方，这为秦国往东发展势力奠定了一个良好的基础。

秦武王年纪虽小，抱负却甚大。这天，他召集群臣，商讨下一步的战略方向问题，秦武王对群臣道："寡人欲车通三川，以窥周室，而寡人死不朽乎？"三川是韩国一地名，指宜阳。秦武王这句话的意思是说，我想要攻打三川，取代周王室，若是当真能够如愿，那么我死了也算是值了。

群臣议论纷纷，无不点头称赞秦武王的抱负之大，但是当秦武王问及，谁能担当此大任时，大堂之下顿时安静下来，这让秦武王非常恼怒，心中已经有了不满情绪。秦武王将目光转向右丞相樗里疾，意图让其承担起大任。但是，让秦武王失望的是，樗里疾并不赞成攻打宜阳。

樗里疾年长，考虑得周全而保守，其实他的顾忌也不是没有道理，宜阳既然是韩国战略要地，韩国必然会重兵把守。另一方面要考虑到的是，秦军入宜阳，路途遥远，路况险恶，这一路下来，士卒劳累，马匹疲惫，必然会消耗巨大的体力，一旦与韩国交战必然占不到优势。况且更为严重的是，若是魏国、赵国这个时候也来插一脚，那后果就不堪设想了。

秦武王一心想要出兵建立功业，对樗里疾所说的这些，并没有耐心考虑，便极不耐烦地打断了他的话，又将目光转向了左丞相甘茂。所幸，甘茂没有让秦武王失望，关于攻打宜阳，甘茂提出了自己的主张。

依照甘茂的谋略，要攻打韩国，就必须孤立韩国，防止其他国家的支援而对秦国造成夹击之势，而此时能够向韩国提供支援的只有魏国与赵国。赵国与韩国之间有魏国相隔，一旦魏国按兵不动，赵国必然也不会有所作为，所以当务之急只有一个，那就是破坏韩国与魏国的联盟。

对于甘茂的分析，秦武王甚是赞同，所以下一步的目标非常明确，那就是拉拢魏国，那么谁来完成这个任务呢？甘茂义不容辞将此重担揽下："请之魏，约伐韩。"虽然只是短短的六个字，却足以让秦武王将其视为忠臣。

甘茂收拾好行囊，在向寿的陪同下出使魏国。到了魏国以后，还未受到魏国接待，甘茂就告诉向寿说："子归告王曰：魏听臣矣，然愿王勿攻也。"在还未见到魏王之前，甘茂就如此说，令向寿非常不解，这可是欺君大罪，向寿有些犹豫，但又不敢直言。甘茂见此，又道："事成，尽以为子功。"甘茂这话说得非常坚定，让向寿看到了希望，也不多问，便依照甘茂所言回去以甘茂所说原封不动告诉了秦武王。

甘茂归来，秦武王前往息壤迎接，令秦武王疑惑的是，既然后顾之忧解除了，为什么却不去攻打韩国呢？君臣二人相见，一番寒暄问候之后，秦武王便将心中疑惑说出，且听甘茂是如何回答的。

"宜阳，大县也，上党、南阳积之久矣，名为县，其实郡也。今王倍数险，行千里而攻之，难矣。臣闻张仪西并巴蜀之地，北取西河之外，南取上庸，天下不以为多张仪而贤先王。魏文侯令乐羊将，攻中山，三年而拔之，乐羊反而语功，文侯示之谤书一箧，乐羊再拜稽首曰：'此非臣之功，主君之力也。'今臣羁旅之臣也，樗里疾、公孙衍二人者，挟韩而议，王必听之，是王欺魏，而臣受公仲侈之怨也。"

诚如同樗里疾所顾忌的，对于攻打宜阳的难度，甘茂也预料到了。对于这样一个重镇，秦军不远千里而去相夺，这必定是一场持久战，久攻不下，必然有人进言，有如樗里疾、公孙衍他们本就与韩国有着千丝万缕的关系，如此一来，对作为同盟的魏国如何交代，而甘茂本人还要遭遇韩国的怨恨。

对于秦武王，甘茂认为信念也是不够坚定的，甘茂接下来举了一个曾子与曾母的例子，"昔者曾子处费，费人有与曾子同名族者而杀人，人告曾子母曰：'曾参杀人。'曾子之母曰：'吾子不杀人。'织自若。有顷焉，人又曰：'曾参杀人。'其母尚织自若也。顷之，一人又告之曰：'曾参杀人。'其母惧，投杼逾墙而走。"

最后，甘茂得出结论："夫以曾参之贤与母之信也，而三人疑之，则慈母不能信也。今臣贤不及曾子，而王之信臣又未若曾子之母也，疑臣者不适三人，臣恐王为臣之投杼也。"

人言可畏，母亲与儿子关系亲密如此，也经不住旁人一而再再而三的传言。而甘茂不过是寄居在秦国，与秦武王的关系更不及曾子与其母亲关系亲近。

甘茂言及此，秦武王已经明白了甘茂的意思，原来甘茂这是在为以后铺路。攻打韩国宜阳是一个艰巨的任务，非一时半刻能完成，时日一长，必然会有闲言，一人谏言也许还能够坚定，但面对多人的谗言，这就很容易动摇君心，如此一来，不但失信于魏国，还毁坏了甘茂的个人名声。

秦武王见甘茂考虑周密，频频点头，一时无语，踱步片刻，便对甘茂道："寡人不听也，请与子盟。"我要与你订立盟约，我不听信别人的议论。秦武王此话一出，甘茂如释重负，这就是他的目的所在，于是二人在息壤订立了盟约，史称"息壤之盟"。

甘茂到了魏国，以共享伐韩之利为诱饵，说服魏王断绝与韩国联盟，转而与秦国结盟，共同攻打韩国。利益之下，魏王屈服，战争一触即发。

甘茂小施计谋，解除了后顾之忧。对于甘茂缜密的思维，我们不得不佩服，而事实也证明，甘茂有这样做的必要。战争如此，生活亦如此，没有后顾之忧直奔我们的目标，梦想才能够实现，而瞻前顾后往往会在犹豫中丧失了前进的动力。

秦武王之死

经历了几代人的苦心经营，自商鞅变法到打击六国合纵，到秦惠文王时期，秦国已经稳居战国七雄之首，而新即位的秦武王也是一个满怀抱负的少年君主。秦武王，这位年轻的君主在即位之初就表现出了超越常人的成熟，极其富有积极进取精神，而野心之大也令人称畏，"寡人欲容车通三川，窥周室，死不恨矣"，从他身上秦国人看见了希望。

宜阳之战的胜利，让秦人无不称赞秦武王的英明。宜阳的战略位置我们前面已经交代过，作为战略重镇，秦国得宜阳，其势力便深入中原，而距离秦武王所憧憬的"窥周室"的愿望也不远矣。

秦武王"窥周室"便是想要仿效周天子，尽管此时的周天子已经有名无实，却仍旧还是天下人的共主，秦武王要称霸天下，真正做到天下之大，一人独尊，以秦国目前的发展趋势看，秦武王的目标并不奢侈。正当意气风发的秦武王大步向着目标前进的时候，一个逗能却断送了秦武王年轻的生命。

秦武王有一项嗜好，那就是与别人比力气，在崇尚武力的战国时期，力气大固然是好，但是一国国君将这种比力气的嗜好时时融入政治与日常的生活之中，就有些过了。我们前面在对秦武王进行简短介绍的时候也提到，秦武王将大力士封要职，时时与他们比试力气，因此而荣升高位的有任鄙、乌获、孟贲等人，就是我们本节要提到的主人翁。

话说，秦军占领宜阳之后，周赧王甚是不安，毕竟秦人都要打到自己的家门上了。宜阳纳入秦国疆域之后，洛阳便门户大开，眼见秦国贪婪地觊觎洛阳，周赧王却一筹莫展，毕竟以周王室现在的实力是无法与强大的秦国相抗衡的。

让周赧王害怕的事情还是发生了，宜阳被攻下的消息传到秦武王的宫殿，秦武王兴奋不已，立即带领大力士任鄙、孟贲赶往宜阳，入宜阳巡视。站在宜阳城墙上，秦武王远远看着洛阳，心中的那份喜悦简直难以言表，目标在即，秦武王已经有些迫不及待了。

在宜阳巡视一番，秦武王便亲自领兵往洛阳而去，周赧王自知无力反抗，便以礼相待，令使者前往迎接秦武王一行，并在宫殿之中备好了宴席重礼迎接秦武王的到来。迎接仪式盛大，而在礼法上讲却不合时宜。周天子名义上毕竟是天下共主，以秦武王的行径来看，秦武王乃是贼臣乱子，周赧王自降身份委屈求得一时苟安，真是悲哉！

毕竟自幼读书学礼，秦武王自知"罪孽深重"，来到洛阳以后，也不敢有所造次，听闻周赧王宴请，秦武王不敢面见，便推辞了。虽无颜面见周天子，秦武王的野心却没有因为心虚而有丝毫的减少。入洛阳以后，秦武王直奔太庙，观赏象征着至高无上权威的九鼎。这九鼎非同寻常，可大有来历，此话要从夏朝说起。

夏朝建立以后，其建立者大禹将天下划分为九州，即荆、梁、雍、豫、徐、青、扬、兖、冀九州，以各州进贡的青铜分别铸成了九个鼎。大禹再命人将九州的名山大川、风景胜地以及奇异珍宝均画成图，然后镌刻在鼎上面，一个鼎象征着一州，九鼎乃是九州，也就是整个中国，虽然那个时候还没有"中国"这一名词。

随着时代的发展，到了商代，鼎成为象征身份尊卑的标志，唯有天子才能用九鼎，而天子之下依次递减，到了士这一级别就只能用一鼎。而对于平民百姓，鼎是他们望尘莫及的，所以这一时期，鼎已经演化成了权力的象征。

汤灭夏朝建立商朝以后，便将九鼎迁到商都，《左传》有记载："桀有昏德，鼎迁于商。"后盘庚迁都到殷，九鼎也跟随而至。到了周朝，九鼎依旧被视为圣物，安放在太庙之中。正如墨子说的："夏后氏失之，殷人受之；殷人失之，周人受之。夏后、殷、周之相受也。"

夏商周三代，九鼎也代代相传，成为象征国家权力的传国之宝，谁拥有九鼎，谁就拥有天下至尊。春秋战国时期，天下大乱，周王室日益衰微，而对于九鼎的企及仍旧是各个诸侯国的最终目标。

春秋时期，楚庄王曾明目张胆问鼎中原："寡人闻大禹铸有九鼎，三代相传，以为世宝，今在雒阳。不知鼎形大小与其轻重何如？寡人愿一闻之！"此后"问鼎"一词便成了争权夺利的代名词。

到了战国时期，时为大国的楚国、齐国也曾觊觎于此，当然作为一枝独秀的强国,秦国自然也不能免俗。商鞅变法之后,秦国日益崛起,后来者居上,成为强国,有灭六国一统天下的气魄。张仪非常恰到时机地提出夺取九鼎,号令诸侯,一统天下的策略,只是这一策略还未完满实施,秦惠文王就一命呜呼了。

关于太庙中的这九鼎,就说到此,再回到我们的主人翁身上来。秦武王与随从任鄙、孟贲二人来到太庙,见那九个大鼎在大殿中依次排开,甚是壮观。见到梦寐以求的九鼎,秦武王感慨万分,忍不住上前抚摸,仔细观看。这鼎倒还精致,秦武王两手试探性地一推,竟然丝毫未动,秦武王不禁来了兴致,再用两手使劲一推,仍旧未能动弹半分。

恰逢任鄙、孟贲二人在身边,秦武王比力气的劲头上来了,秦武王走至一个鼎前,转身问身边二人,谁能将其举得动?太庙看守鼎的人见状,不禁窃笑,这鼎重达千钧,自从存在以来,就没有听闻过以一人之力徒手将其举动过。

任鄙熟稔秦武王的脾性,知道秦武王争强好胜,况且君主面前怎好争先,任鄙便婉言称,自己只能举起百钧重,这鼎看似有千钧,是万万举不起来的。孟贲却不管这一套,毫不谦虚,走至鼎前,挽一挽袖子,一掀衣服,便上阵了。

孟贲抓住鼎两侧的耳朵,闭目调试气息,深吸一口气,大喊一声,只见那鼎徐徐离地,竟然有半尺高。孟贲面红耳赤,恐怕是吃奶的劲都用上了,半尺之上,再也不能支撑,鼎重重落下,而孟贲不能支撑,幸好有左右相扶,否则保不准会瘫坐在地上。

孟贲喘息未定,秦武王已跃跃欲试,一侧的任鄙一看形势不对,慌忙上前劝阻。孟贲乃大力士,用其全力尚且只能够举起大鼎半尺，若是秦武王有个什么闪失，他们二人肯定脱不了干系。

然而，任是任鄙及其随从说破了嘴皮，秦武王仍旧不听，只见他走到鼎前，一个马步抱住大鼎，却发现锦袍甚是不方便，便又站起来，将外面袍子脱掉，将腰中带子扎紧，袖子上挽，再走至鼎前，下蹲，抓住鼎耳，一系列动作一气呵成。

秦武王大吸一口气，丹田已经充满了力道，只见他使出浑身的气力，终将那鼎举起半分，身边人不禁拍手称好，马屁拍得一个比一个好听。举起大鼎，似乎仍旧不能令秦武王满意，他的目标是举着这个大鼎走几步，怎料这样一个心思却让他以性命来抵。

秦武王能举起大鼎，已经体力不支，怎奈好胜心作祟，他仍旧不肯轻易放弃，偏要举着鼎挪动步伐。刹那间的工夫，众人还没有反应过来是怎么回事，就听到了秦武王的惨叫声，原来，体力不支的秦武王身子一歪，竟然将鼎压在了自己的脚上，这可非同小可，这鼎重有千钧，非把脚压个骨碎不可。

一片慌乱之中，鼎被移开，只见血肉模糊一片，见者无不心痛。秦武王昏死过去，太医迅速赶来，只是晚矣，秦武王终究因失血过多气绝身亡。

本是欢欢喜喜来到洛阳，却在一片哀声之中回去。不过让秦武王瞑目的是，总算是了却了当初的心愿，"通三川，窥周室，死不恨矣"。

第二章

削弱齐国：少个对手多条路

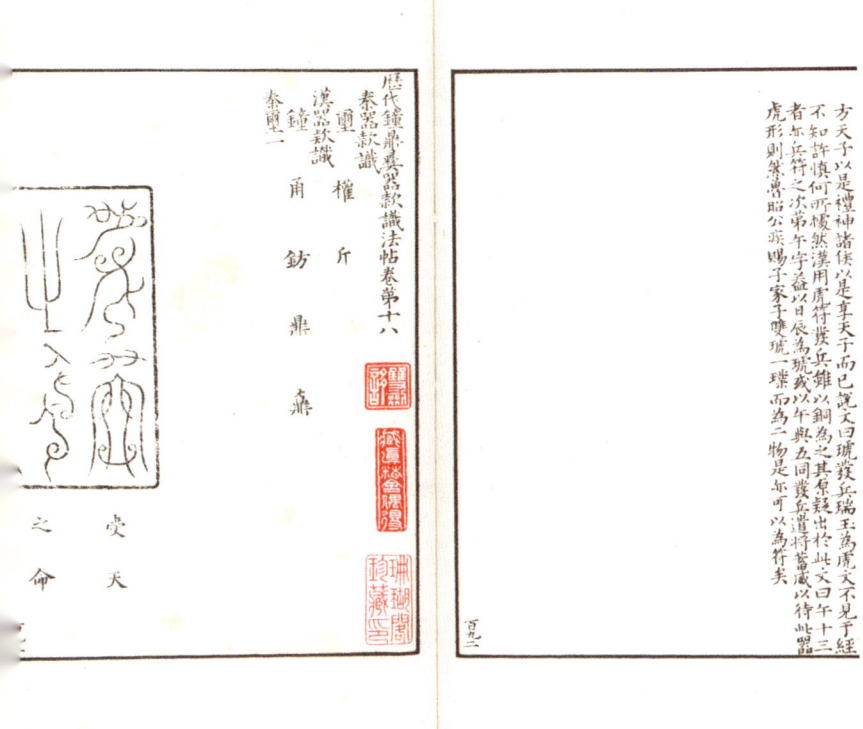

方天子以是禮神諸侯以是享天子而已竟文曰琥殁兵瑞玉為虎天不見于經不知許何懷然漢用青符獸兵雖以銅為之其原疑出於此文曰午十三者尒兵符之次弟午字益以日辰為號戒以午與五同貫亝遣将蓄藏以待此器虎形則柴崇賜公族賜子家子雙琥一璧而為二物是尒可以為符矣

歷代鐘鼎彝器款識法帖卷第十六
秦器款識
璽權斤
漢器款識
鐘甬鈁鼎彝
秦璽一

受天之命

历代钟鼎彝
器款识法帖
秦玺印章

玉杯 秦

季君之乱

在秦武王的操纵下，秦国攻取宜阳之后，再入洛阳，可谓是少年得志。任谁也没有想到的是，也就是在这一年，意气风发的秦武王因为在太庙中举鼎被大鼎压碎了胫骨，终因失血过多抢救无效身亡，年仅二十三岁。

周赧王听闻秦武王气绝身亡的消息后颇为震惊，待反应过来，连忙备好精美的棺材亲自前往哭丧。在右丞相樗里疾的护送下，秦武王的遗体被送回到咸阳，处理完秦武王的丧事，是该归咎责任、惩处责任人的时候了。

秦武王举鼎之时同时在侧的孟贲、任鄙二人受到了完全不同的待遇，孟贲被五马分尸不说，其族人也被满门抄斩，这真是伴君如伴虎，一着不慎，就遭遇灭顶之灾。与之形成鲜明对比的是，任鄙则因为劝谏之功，被升职为汉中太守。

丧事处理好了，责任追究也找到了陪葬者，可是秦国终究还是要继续走下去。秦武王即位仅仅三年而已，因为死得突然，也没有立下继承人的遗嘱，况且秦武王还没有生儿育女，所以继承人的问题就成了头等大事。

宫廷内，除了个别人仍沉浸在悲痛中外，更多的人已经振作精神，投入到新一任的继承人选争夺之中。秦武王无子，按照宗法制的原则，就只能从秦武王的兄弟之中选择一个人作为继承人，但是，秦惠文王儿子众多，哪一个能够担当此大任呢？

君主之位，谁人不想坐，但是，能够坐得起的自然是有实力之人。秦国一时之间陷入王位继承人的争夺之中，但凡有些实力者皆拉帮结派，希望获取更多的支持者，而没有实力者纷纷投奔到实力派的阵营中，希望能捞个拥立之功劳。

当时，有能力继承王位的主要有两派，一派是以秦惠文王的王后与秦武王的王后为首，她们婆媳二人意图拥立公子嬴壮为王。按说，秦国上下，君主之位的继承人选，最有资格说话的当属秦惠文王的王后，她毕竟是秦武王所有弟弟的嫡母。话虽如此，兵荒马乱的战国时代，礼仪法度多有荒废，最有发言权的却是手中掌握的实权。虽然有册立亲信的想法，但秦惠文王的王后与秦武王的王后毕竟是女人，不曾干预过政事，所以并没有实力。

另一派就是以魏冉为首，他们意图拥立公子稷为王。秦武王死之时，公子稷正在燕国做质子，这个不得宠的公子，做梦也没有想过能够登上秦国君主之位。那么，秦武王死后，他为什么能够成为与公子壮相抗衡的实力派呢？这主要得益于他的舅舅魏冉。

公子稷的生母是芈八子，"芈"是她的姓，"八子"是她在秦国后宫中的封号。在秦国后宫，共有八个级别，分别是王后、夫人、美人、良人、八子、七子、长使、少使，这八个级别依次递减，所以"八子"这个级别并不高,而芈八子也并不得秦惠文王的宠爱。

秦武王登上君主之位以后,便将芈八子的亲生儿子公子稷送往燕国做质子,所以依这种情形来看,公子稷并没有登上君主之位的资格,但是,值得庆幸的是,秦武王英年早逝,而公子稷恰恰有个有实力的舅舅,也就是魏冉。

魏冉,历仕秦惠文王、秦武王,手握大权,是芈八子同母异父的弟弟,在这个节骨眼上,必然要站出来帮助自己的外甥了。秦国上下,放眼望去,魏冉实力不小,就连秦惠文王王后与秦武王王后都要对其礼让三分。

随着事态的发展,公子壮在君主之位之争中渐渐处于下风。芈八子与魏冉姐弟二人联手拉拢支持者,打击公子壮势力,最终排除阻碍,将公子稷立为秦国新任国君。下一步就是将在燕国做人质的公子稷接回秦国,此事得到了燕国与赵国的支持。

秦国形势,周边各诸侯国密切关注,秦将公子稷立为新君的消息不胫而走,首先向公子稷伸出橄榄枝的是赵国。赵武灵王派丞相赵固前往燕国迎接公子稷,以示友好,而燕国对公子稷的态度也来了个大转变,事事奉承,乐呵呵地放人,大力配合。在赵国与燕国的支持与配合下,公子稷非常顺利地回到了秦国,登上了君主之位,是为秦昭襄王。

秦昭襄王登上君主宝座,因年纪尚小,便由芈八子代为执政,史称宣太后。秦昭襄王能够登上君主之位,全赖魏冉及宣太后势力,现下时局稳定,自然要对有功之臣大加封赏。宣太后以秦昭襄王口谕,将她的弟弟魏冉封为将军一职,手握秦国军事大权,守卫秦国军事政治中心咸阳。后来又将其加封为穰侯,赐封地河南邓县。

魏冉之外，宣太后的另一个弟弟与她的其他两个儿子也得到了赏赐。宣太后同父异母的弟弟芈戎被封为华阳君，而她的两个儿子公子市和公子悝，分别被封为泾阳君与高陵君。这四人一时之间风光无限，成为拥立秦昭襄王的大功臣。

秦昭襄王顺利荣登大宝，宣太后终于长舒一口气，这么久的策划，终于是没有白费心机。正当他们高枕无忧、荣享富贵的时候，公子壮及其支持者却是咬牙切齿，伺机而动，准备反戈一击，夺回政权。

在秦昭襄王登基的第二年，也就是周赧王十年（前304），据史书记载，这一天有彗星出现，公子壮及其跟随者认为时机成熟，悄悄潜入秦国宫廷，准备发动一场里应外合的宫廷政变，但是事情败露，后果很严重。

当时主持军事的大将军魏冉毫不手下留情，举起了屠杀的大刀，公子壮及其跟随者多惨遭杀害，而众多无辜者也多受到牵连。魏冉之意不仅在于杀鸡给猴看，而且是斩草除根，斩尽杀绝。

公子壮及其亲随均被杀，无一幸免，秦惠文王的众多儿子中，但凡不追随秦昭襄王而又有些实力者，均死于魏冉刀下，血腥的镇压，血淋淋的例子，让秦国上下再也不敢有所妄想。而当时的政敌秦惠文王的王后也惨遭不幸，秘密被害，秦武王的王后，眼见形势不对，不敢在秦国久留，趁着月色灰溜溜地逃回了娘家。魏冉名震秦国上下，提及他，无人不变色，皆有畏惧之情。

此次政变，没有威胁到秦昭襄王的统治便被血腥镇压，因为公子壮又被称为季君，所以此次政变被称为"季君之乱"，季君之乱为宣太后与魏冉提供了一个铲除政敌的机会,自此以后秦昭襄王的君主之位坐得更稳了。

秦国经历了秦武王的去世,继承人选的争夺,以及后来的季君之乱,尤其是秦昭襄王即位之初,尚未成年,还不能亲政,但是秦国没有因此而衰落,这主要得益于宣太后的政治才能及秦昭襄王两个舅舅与两个弟弟的辅佐,那么这个宣太后到底是一个什么样的人物,她一介女流之辈又是如何整治泱泱大秦的呢?

女人也要发言权

说起女性"垂帘听政",我们并不陌生,对其中的佼佼者慈禧太后我们非常熟悉,更有甚者有如武则天,则从幕后走向台前做起了中国历史上的第一个女皇。若是论到垂帘听政的开创者,当数战国时期秦国宣太后,这是为众多对史学认识不深者所不了解的。

说起宣太后,不得不说她是个让人刮目相看的奇女子,在前面一节我们也有简单介绍。宣太后,也就是芈八子,是楚国的一位公主,姓芈,但八子不是她的名字,是她入秦国成为秦惠文王妻子之后得到的封号。这个封号其级别在后宫众嫔妃之中不算高,但就是这样一个在后宫之中并不占分量的女性,凭借她的政治才华,依靠其两个弟弟与两个儿子的协助,将她的大儿子送上了秦国的君主之位。

秦昭襄王因为还未成年,便由其生母宣太后暂时执掌朝政,开创了垂帘听政的先河,在《后汉书·后纪序》中有这样的记载:"自古虽主幼时艰,王家多衅,必委成冢宰,简求忠贤,未有专任妇人。割断重器，惟秦宣太后摄政事。"对此有更加明确记载的是李贤所说的一句话："太后，昭王母也，号宣太后。昭王立，年少，宣太后自知事，以同母弟魏冉为将军，任政，封为穰侯，太后摄政，始于此也。"从这段话中，我们可以看出，宣太后是后宫妃子专政第一人。

宣太后专擅国事以后，便开始大张旗鼓提拔亲信，首先是将她的族人一一加封，对拥立秦昭襄王有功的亲信，主要是宣太后的两个弟弟，以及她的另外两个儿子大加晋爵封地，这四人成为当时权倾一时的重臣。除此之外，宣太后还让在楚国的族人插足秦国内政，当时担任秦国丞相一职的向寿便是楚王推荐而来，如此一番折腾，秦国上下便形成了外戚专政的格局，而名义上的掌权者秦昭襄王则被晾在了一边，日益年长的秦昭襄王在母后的压制下只能日复一日地等待。

让秦昭襄王万万没有想到的是，宣太后的"暂时"摄政，足足有三十六年。秦昭襄王在即位三年之后，举行了加冠礼，也就是成年了，可以亲政了，但是，这个亲政也就只是形式上而已，真正的实权仍然掌握在宣太后及她的亲信手中。

作为后妃执政的首例，宣太后的政绩可以说是值得肯定的。秦昭襄王即位之时，秦国虽然已经是当时在众诸侯国之上的强国，但是，作为一个其他诸侯国均无法比拟的一流大国，秦国成为众矢之的，面临众多的对手，秦国必须要处理好与周边各国的关系，如此一来，才能实施侵吞六国，一统天下的策略，但这谈何容易。

任用亲信终于稳定住了秦国内部政局，宣太后便把目光转向了其他诸侯国，首先是与自己的母国楚国搞好关系，建立了同盟关系，其最重要的手段就是联姻。在宣太后的直接作用下，秦昭襄王迎娶了楚国的公主作为秦国王后，又指派秦国各宗室的女儿嫁给楚国掌权者为妻，这种联姻在宣太后的引导下，变得非常普及，最后竟然到了谈起秦楚王室之人，无不是一家人的地步，可见，宣太后的联姻政策贯彻得非常到位。

通过政治上的联姻，秦国、楚国暂时建立起了友好关系，但是这只是暂时的，战争仍旧时有发生，这不过是治标不治本的策略。当然从一定程度上讲，宣太后的联姻政策仍旧是有效的，起码暂时稳住了楚国。

宣太后能够执掌秦国政权，自然也不是一个安分的人，祖辈打下的基业，以及历史赋予秦国一统天下的使命，一同被宣太后接掌过来。在国内政局稍稳定之后，宣太后便马不停蹄地命身为大将军的魏冉东征西讨，打击六国。

对周边六国的最终目的是打击，但打击之中不免也要拉拢，不论是拉拢后再打击还是打击后再拉拢，宣太后的铁腕手段在周旋六国关系中一览无余，秦国也结结实实地过了一把大国的瘾。

宣太后对外政策的典型当数对义渠的侵吞，这也是史书中对宣太后记载最多的事件，不过其中褒贬则是各抒己见，各不相同了，我们且看看宣太后是如何展开手腕将义渠拿下的。

义渠国在秦国西北方，与巴蜀一样，可谓是秦国的后方了，义渠人是匈奴人的一个分支，以游牧为生，居无定所。但是随着与周边各诸侯国的交往加深，义渠人渐渐学会了农耕，并建立了自己的城池，到了秦昭襄王时期，义渠国已经发展成一个拥有一定实力的中等国家，这对秦国来说是一个严重的威胁。

义渠地区山势险峻，士卒多为骑兵，时时骚扰秦国边境。若是论实力，义渠自然在秦国之下，但是因为义渠流动作战的缘故，打不赢便跑，因此很难将其彻底制服。秦国东进，就必须要解决后顾之忧，避免义渠乘人之危。

秦昭襄王即位，义渠命人前来贺喜，名为贺喜，实则是打探秦国虚实。宣太后执政以后，多次向西进攻，但终究没有多大成效。不解决义渠，往东攻打六国便处处受到牵制，这可急煞了宣太后。

宣太后偶尔听义渠的使者提起，义渠王是个年轻力壮的汉子，并且极其贪恋美色，不禁心中有了一计。不难想象，宣太后的计谋自然是美人计，但是这美人计的主角是谁呢？我们万万也没有想到，宣太后会亲自上阵。

一方面，已经三十多岁的宣太后，因保养得当，依旧美丽动人，她知道凭她的美貌与智慧定可以引起义渠王的兴趣。另一方面，出于私心的考虑，多年的寡居生活，宣太后那颗蠢蠢欲动的心也需要一个异性的安慰。谋划出这么一个利己的策略，让宣太后甚是自得，下一步就是如何接近义渠王的问题了。

机遇总是降临给有准备的人，宣太后既然有了策略，便只是等待一个恰当的时机了。对于宣太后这样一个处心积虑又无时不在准备的人来说，机遇无处不在。当得知义渠要举行盛大的祭祀活动的时候，宣太后知道时机到了。

将秦国上下事务交给几个亲信打点，宣太后唤来顶级的化妆师，将自己打扮了一番，再见那宣太后全然没有了往日的威严，却如少女一般羞答答，美丽而妖娆，别有一番情趣。看着镜中的自己，宣太后越发自信。

命人准备好几大箱子金银珠宝，宣太后带着几个贴身随从，往义渠国赶去，美其名曰：秦昭襄王即位时，义渠王曾来贺喜，本当回拜。

宣太后的到来，令义渠上下尤其是义渠王非常兴奋，一大批金银财宝的进账是其一，义渠王更感兴趣的是宣太后这个美女。当宣太后一番花言巧语之后，义渠王已经有些云里雾里分不清方向了，而在宣太后充满激情的挑逗与鼓励下，义渠王终于再也忍受不住，掉进了温柔的陷阱。

义渠王与宣太后陷入热恋，宣太后索性在义渠国常住下来，这期间宣太后用尽各种手段将义渠王困在温柔乡中不能自拔。义渠王终日沉迷于男欢女爱，渐渐丧失了宏图伟志，对宣太后这个年纪比他大的情人，也非常仗义，在史书中，我们再也找不到义渠对秦国的骚扰。

一招美人计，秦国的后顾之忧解除了，这不得不让我们对宣太后产生敬佩之情。更难得的是，这份感情维持了多年以后，宣太后在她认为的必要之时毫不留情地杀死了义渠王，然后占据了他的国家。

也许我们会感叹宣太后的蛇蝎心肠，但是，在秦国利益前，宣太后虽为妇人却无妇人之短见，这才是成就大事者所必须具备的，而若干年后，当秦始皇一统天下之时，也不得不感谢宣太后所做的一切。

黄棘之盟

经历了春秋的风吹雨打，大浪淘沙之后，林林总总的小政权均在战乱中丧失了立足之地，能够称雄称霸的不过就是七个大国而已。随着形势的变化，七个大国相互竞争，互为蚕食，终究是此消彼长，终有胜出者，这是大势所趋。

历史发展到公元前3世纪末的时候，天下之中，实力最强者当数秦国。秦国自从商鞅变法以后，经历了秦孝公、秦惠文王两代的耕耘，到秦昭襄王时期，已经可以称为诸侯国中的超级大国。随着实力的增强，秦国早早就流露出了灭六国一统天下的野心。

当然，其他六国也不会自等灭亡，联合起来，共抗秦国，这是它们共同的愿望。但是，谈论道理容易，做起来却非易事。在一些有志之士的倡导下，六国一次次联合起来，却被一次次打得落荒而逃，这样的结局随着次数的增加，失望也越大，信心更是脆弱得可怜。

秦国之外的六国之中，能够称之为大国的也就是齐国、楚国，而与秦国怀着同样的野心而又有些实力的也不过是齐国罢了。秦国、齐国均有称霸天下的野心，拉拢联盟就成了一个当务之急，由于地理位置与实力使然，楚国便成了它们共同争取的对象。

历史走到楚怀王末期，楚国走了下坡路，尽管如此，瘦死的骆驼比马大，楚国的实力仍是不容忽视的。能够得到楚国的支持，这不论是对秦国还是对齐国，都如虎添翼。从地缘位置上来看，更决定了楚国是必争之地。秦国在楚国的西北，齐国在楚国的东北，这样的位置布局，让秦国、齐国充分认识到，谁能够将楚国拉入联盟，抑或是谁能够吞并楚国，便是争取到了称霸天下的主动权。

楚国占尽了地理优势，按说权衡利弊，必然能够左右逢源，况且楚国朝堂之上也不乏有志之士，有如屈原这样的贤能之才。不幸的是，楚怀王并不是一个精明的君主，而他的身边又聚集着一些贪婪之辈。在远贤良、亲小人的楚怀王的带领下，楚国将何去何从？

秦昭襄王即位以后，宣太后成为实际的当权者，这对楚国上下来说，是一个让人振奋的好消息，而这也意味着秦国对外政策的一个转机。作为楚国王族后裔，楚国便是宣太后的娘家，对待这样一个对己有利的娘家，宣太后自然是不会亏待的。

在宣太后的督促下，秦国、楚国冰释前嫌，走入"春天"。宣太后先给自己的儿子秦昭襄王迎娶了楚国的公主，秦昭襄王之后便是秦国与楚国的王室贵族的联姻，形成了"秦迎妇于楚，楚迎妇于秦"的喜庆局面。

宣太后的一番努力没有白费，秦国、楚国朝堂之上无不是姻亲关系。对宣太后的心思，并不能纯粹以衡量女性的标准来推断。在宣太后的心中，唯有秦国利益至上，她所做不过是为秦国开疆辟土，一统天下的准备而已。

秦国与楚国这种充满亲情的表象关系之下，仍然是此起彼伏的心机，而两国关系的和解也不过是暂时的，起码对于秦国来说是如此。

对于秦国伸过来的橄榄枝，楚怀王是有些踟蹰的，毕竟楚国与秦国的合作并不愉快。况且，就在听闻秦国意图拉拢楚国的消息后，魏国的丞相来到楚国，游说楚怀王共同抗秦事宜，将秦国的狼子野心分析得十分透彻，更大胆预言，楚国如果背弃抗秦同盟而与秦国结盟，日后必然遭秦国灭亡。

魏相的这些话虽然不中听，却让楚怀王想起了往事，不愉快的往事，楚怀王至今仍旧历历在目，这让楚怀王窝囊不已。当年，张仪到楚国，楚怀王奉其为上宾，张仪却以六百里商於之地为诱饵，诱使楚怀王与齐国断交，最终使楚怀王落了个两空的下场。而之后，楚怀王再次以汉中之地换取了张仪，却被张仪的花言巧语所迷惑，不顾朝中大臣的反对，一意孤行，将张仪放走了。

这些事实历历在目，让楚怀王不敢轻易有所幻想，毕竟一朝被蛇咬，十年怕井绳，对于秦国和解的诚意，楚怀王有些期待，又有些畏惧。秦国是超级大国的事实天下无人不晓，若能够傍上这样一个大款级别的诸侯国，楚国获得庇佑不说，也许还能够与秦分得一杯羹，抱着这样的想象，楚怀王不忍回绝秦国的一番"好意"。

周赧王十一年（前304），在秦昭襄王迎娶楚国公主之后的第二年，宣太后命人频繁活动于秦国、楚国之间，商讨联盟之事。对于与秦国的联盟之事，楚国上下议论纷纷，支持之声有之，反对之声亦有之。

支持者多是接受秦人贿赂而为他人谋利者，而这些人却又恰是楚怀王亲近的人，在这些人的劝说下，没有主见而处于摇摆不定状态下的楚怀王心中开始有了倾向。宣太后知道楚怀王与他信任的人一样，均是贪婪之徒，早就命人打点好了，对于楚怀王身边的人，一些小恩小惠的金银财宝就足矣，但是对于楚怀王，唯有以土地做诱饵，诱使其上钩。

当秦国抛出归还曾经在楚国夺取的上庸之地这样的诱饵时，楚怀王心痒难耐，又恐再次被耍，心中虽然已经应允，却言不由心假惺惺地支支吾吾并未口头上答应。对于楚怀王的言不由衷，宣太后已经看出了端倪，便又命使者到楚国，使割取上庸的承诺成为事实，给楚怀王吃了一颗定心丸。

面对秦国的诚意，楚怀王再也忍耐不住，乐颠颠地接受了秦国送上的糖衣炮弹。楚国的有志之士有如屈原竭力反对，多次进言，均遭拒绝，不甘心的屈原不屈不挠，无视楚怀王愤怒的面容，在一次一次的谏言后，楚怀王实在无法容忍，便将其流放到了汉北地区，这是屈原遭遇的第一次流放。

楚怀王是铁了心自甘堕落于秦国的温柔乡，这是任谁也拉不回来的，流放屈原，只是针对屈原一个人，这是杀鸡给猴看的把戏。这一招果真起到了立竿见影的效果，自屈原被流放之后，朝堂上下再也没有反对之声，楚怀王终于如愿以偿。

周赧王十一年（前304），宣太后期待的一天终于来临了。年幼的秦昭襄王在辅臣的陪同下来到黄棘，会见了在此等候多时的楚怀王。若论血缘关系，这二人还是甥舅关系，但见那作为舅舅的楚怀王低声下气，对年幼的外甥极力讨好，若宣太后在场，目睹这样的场面，不知道做何感想？

秦国与楚国在黄棘会盟，建立了同盟关系，正式昭告天下，楚国真正与秦国站在同一个阵营，这就是史书中记载的"黄棘之盟"。

舅舅是楚国君主，外甥坐拥秦国国君，这样一个强大的联盟，横扫天下，一统大业，更加有胜算。只可惜所谓的甥舅之情，兄妹之情，不过是一个表象罢了，那一点的情分，在诸侯国利益面前不过是九牛一毛，根本不值得考虑。黄棘之盟后，秦国与楚国的关系虽然得到了暂时的缓和，但战争没有停止，利益之争依旧是不变的主旋律。

韩魏向齐国

秦国在处理与周边各诸侯国关系时的一贯政策是，打一个巴掌，给一个甜枣，然后又在一个未知的时候在背后踹人几脚。秦昭襄王即位以后，宣太后执政，完全继承了秦惠文王对外政策的精髓，在与周边各诸侯国结盟的同时也在对它们用兵。

修鱼一战以后，齐国与楚国的联盟成为秦国的心腹大患，张仪以六百里商於之地为诱饵，诱使楚怀王与齐国绝交，但是，经历了丹阳一战以后，楚怀王渐渐认识到，秦国之所以重视楚国，就是赖于齐楚同盟，更觉悔不当初，便命使者到齐国安抚认错，意图重修旧好。齐国要与秦国争夺天下，楚国的地理位置及其实力十分重要，便再次与楚国和解，建立了同盟关系。

齐楚两国相安无事，却因为秦国的再次插入而关系紧张起来。年纪轻轻的秦武王因为举重事业而献出了九五之尊的生命，秦武王死后，秦国当权者宣太后是个实力人物，因着她与楚国的关系，秦与楚两国的关系走入一个暖春期，两国领导人会晤，订立了"黄棘之盟",昭告天下两国非比寻常的姻亲关系。

齐楚同盟目的在于共同对抗秦国,而在秦国的拉拢下,楚国再次当了墙头草,倒向了秦国,这无疑再次惹恼了齐国。接受了秦国的糖衣炮弹,楚国再次背叛了盟友,对于这样的结局,齐国忍无可忍,准备发动一场对楚国的战争。

以齐国之力攻打楚国,略显单薄,人多力量大是永远不变的道理,纵览九州,横扫天下,齐国将目光盯向魏国与韩国。魏国、韩国对于秦国的虎视眈眈甚是害怕,张仪相魏的耻辱,让魏国无法抬头,宜阳之战,让韩国失去了重要的战略基地,这些均是拜秦国所赐,这些耻辱让魏、韩两国对秦国充满了仇恨之情。

在魏、韩两国对秦的仇恨之焰上再浇一桶油的是,秦昭襄王即位的第二年(前303),秦国就将战火指向了魏国。蒲阪、晋阳和封陵作为秦、魏两国之间黄河上的重要渡口,秦国早就觊觎已久。一旦将这三个战略渡口打下,蚕食魏国,以至于灭亡魏国就容易多了。秦昭襄王即位后,秦国国内形势稍稳定,秦昭襄王便下达了攻打魏国的命令。

在攻打魏国之前,秦国先给韩国塞了一个甜枣,那就是归还在韩国夺取的武遂,武遂是贯通韩国南北的重要通道,对于韩国来说非常重要,对于这样一块肥肉,韩国乐呵呵地接收了。真是让人哀其不幸,怒其不争,此时获得一点小的利益,便扬扬自得,却不知唇亡齿寒,更大的灾难即将到临。

秦国在拉拢了韩国之后,便开始攻打魏国,韩国还沉浸在重拾旧地的喜悦之中,丝毫没有感觉到灾难的来临。当秦国调转火力转向韩国的时候,韩国上下被打了个措手不及,武遂是个战略重地,秦国难道当真会拱手相让？当然不是，这不过是一个诱使韩国袖手旁观的一个诱饵罢了。武遂，秦国还是要夺回来的。

而在攻打韩国的时候，魏国非常理所当然地看起了热闹，面对这样的结局，我们总免不了叹息，这样活生生的例子在战国时期总是一演再演，所谓前车之鉴难道都成了虚言？仔细想来，不过是长远利益与眼前利益的关系，利益二字是永恒的追求，因为迫不及待，或者因为眼前利益的损失而放弃了长远利益的打算，这是多数人的通病，却是极不明智的。

这不得不让我们想起公孙衍，这个合纵政策的发扬者，他有着很好的理论，以战国之形势，合纵是极佳的选择，而合纵政策也多次得到多数诸侯国的支持。历史却以秦国灭六国，一统天下而作为战国的结束，其中缘由也不过是如此。

眼前的利益触手可得，却为以后更大的失去埋下了伏笔，眼前的失去虽然不甘心，却是获取更大利益的代价，这是一个亘古不变的真理。可是又有多少人能够真正做到眼光长远，不贪图眼前小利呢？那些代表着国家利益，位于九五之尊之人尚且不能，何况是普普通通的人呢？

回到我们的正题中，话说魏国、韩国都被秦国狠狠地戏弄了一番，代价不小。魏国、韩国立即谋划出路，它们看到了有实力的齐国，恰逢齐国正在实施合纵政策，三国一拍即合，组成了一个阵营。

说到齐国的合纵政策，我们不得不提一个人，那就是此次合纵的发起者——孟尝君。对于孟尝君我们并不陌生，作为战国四公子之一，他继承了公孙衍的衣钵，宣扬合纵思想。

孟尝君与公孙衍打交道，这要追溯到公元前316年。这一年，公孙衍在魏国当值，而孟尝君也被派至魏国做丞相，对于公孙衍的合纵政策，孟尝君总览天下大势，甚是赏识。在公孙衍合纵策略的实施中，孟尝君甘为下手，与公孙衍共同筹备策划。不幸的是，各自的利益面前，联盟各诸侯国总是因小失大，将集体利益置之不顾，最终导致了合纵的失败。

公孙衍失势，渐渐退出历史的舞台，好的思想不应该无疾而终，抱着这样美好的想法，孟尝君接过了这根接力棒，举起了合纵的大旗。幸运的是，孟尝君的合纵有齐国这个实力派为靠山，孟尝君大旗一挥，便招来了魏国与韩国这两个遭遇挫折的诸侯国。

孟尝君的合纵，不是一时兴起，在秦武王时期，便已经注重实施，拉拢与秦国势不两立的诸侯国是他的目标。毕竟天下之大，唯有秦国才是一个强敌，不灭秦国，齐国称霸之梦就永远存在于想象中了。

楚国曾因为一时的贪念而背叛了齐国，却在被打之后，再次投入齐国的怀抱。一时被贪念所惑，就有可能再次被贪念所迷，在秦国的利诱下，楚怀王又一次投向了自己曾经的对手秦国。正在实施合纵的齐国哪里能够容许楚国一而再再而三的欺骗与失信？

在得到魏国与韩国的支持后，齐国发动三国军队，打着楚国背叛联盟的名义去攻打楚国。一个齐国尚且不能应对，何况是三国联军呢？楚国当然不能够挡住三国联军的进攻，楚怀王眉头紧皱，不停踱步，因为太过焦急而脑中一片空白。

就在楚怀王急得眼泪快要掉下来的时候，经身边人的提醒，想起了他的外甥秦昭襄王，楚怀王不禁拍手叫好。他的这个外甥年龄虽小，本事却大，大树底下好乘凉，楚怀王赶紧亲笔修书，命人快马加鞭送往秦国，请求援助。

黄棘之盟刚订不久，秦国与楚国的热乎劲还没有过，而最为重要的是，这次的对手是它的宿敌——齐国，所以秦国不得不出手。按照惯例，各个诸侯国之间请求他国援助是需要人质的，两国君主虽然是甥舅关系，但是亲兄弟尚且需要明算账，因此这一惯例是不能被打破的。

楚怀王为表诚意，将太子横送到秦国作为人质，这个名为横的太子，人如其名，果真又横又狠，不知道他日后会给楚国惹出什么乱子来，这个我们暂且不提。

人质送到，秦国即刻发兵，在秦国的帮助下，三国联军迫不得已撤退，一阵手忙脚乱之后，楚国终于转危为安，楚怀王长舒一口气。他这个外甥果真不是盖的，而秦国这个盟友他算是交对了，殊不知，另一场灾难正向楚国袭来，只是，这一次，楚国能够幸运地躲过这一劫吗？

楚怀王不给力

形势千变万化，转眼间福祸转换，这又有谁能够说得准呢！在秦国的帮助下，楚国渡过难关，转危为安，楚怀王心头的一块石头终于落地了。对于秦昭襄王的这份恩情，楚怀王看在眼里，记在心里，心中不免坚定了跟随老大到底的信念。

一个巴掌拍不响，楚怀王的信念坚定了，却不见得秦国也作此感想。事情的导火线源于在秦国做质子的楚国太子横。太子横人如其名，堪与螃蟹称兄道弟。

质子是个费力不讨好的差事，为了增进各诸侯国的友谊与信任，各国之间互派质子，但这恰恰是互不信任的表现。联盟各诸侯国一旦关系破裂，质子的生命就危在旦夕，为此而送命的大有人在。到有些国家做质子会被奉为上宾，但更多情况下是被视为藩臣，自然受不到好脸色。

战国末期，秦国已经成为九州唯一的超级诸侯大国，所以没有必要对任何人低声下气，在趾高气扬的秦国做质子自然也就等同于受罪。太子横来到秦国，估计是受了些委屈，太子横在楚国衣来伸手，饭来张口，事事都有人宠着、溺着，何时受过丁点委屈？火暴脾气的他无法忍受，在与秦国一位大夫产生冲突后，一时气火攻心，犯起了糊涂，忘记了自己身上的政治任务，竟然将秦国大夫杀掉了。

这事情非同小可，当惨剧发生后，看着满地的鲜血，太子横的神智渐渐清晰，事情发展到这一地步，已经没有退路，太子横难以再估计诸侯国利益，趁着月色，偷偷溜出宫殿。逃出秦国，踏上楚国的境界后，他终于松了一口气。但是，接下来，令他犯愁的是，如何向自己的父亲交代呢？

太子横知道自己闯了大祸，也就没了往日的底气，支支吾吾急煞了楚怀王才将事情的前前后后说了个明白。楚怀王瘫坐在位子上，刚刚建立起来的秦楚友好关系却在这一刻出现了裂痕，楚怀王已经无力追究太子横的责任，重要的是秦国那边反应如何，而楚国未来的路又将怎么走？想及此，楚怀王脑中一片空白，事情总是一波未平，一波又起，想要求个安稳实在太难了。叹息着，楚怀王命人入秦打探秦国消息，秦国对于此事会做何感想？

对于秦国来说，楚国质子杀掉秦国大夫一事可大可小，鉴于秦国仍需要楚国的支持，秦国没有大肆追究楚国责任，但是两国关系破裂的隐患已经埋下。

当探子回来汇报了秦国情况后，楚怀王终于叹了一口气，也许事情没有他想象得那么严重，楚怀王这几日寝食难安，今晚终于可以安心了。可惜楚怀王这样简单而渺小的愿望终究是没有实现，因为不死心的孟尝君再次发动魏国、韩国联合齐国攻打楚国。

楚怀王彻底崩溃了，事情总是那么棘手，也顾不得他的美食、好觉，紧急召集大臣，调动军马，准备迎战，这年是周赧王十四年（前301）。

楚怀王在做好一手准备的同时还向秦国告急，寻求帮助。让楚怀王备感寒心的是，他的外甥竟然对他置之不理，任由楚国被欺负。面临这样的结局，楚怀王也只有捶胸顿足。

齐将匡章、魏将公孙喜、韩将暴鸢带领三国攻打楚国重要渡口方城。要入方城，需要渡过沘水，这就难住了三国联军，因为不知沘水是深是浅，在还没有搞清楚形势的情况下，也不敢贸然有所行动。

楚军在沘水另一岸列阵，分兵把守，从春到秋，半年的时间过去了，三国联军却迟迟不能渡河。后来，有个联军士卒向楚国一樵夫打探到，"荆人所盛守，尽其浅者也；所简守，皆其深者也"。知道了沘水的底细，三国联军也就不再有所畏惧，在夜深人静之时，趁着月色，齐国将领匡章率领一支精兵，瞅准哪里楚国守兵多，渡过沘水与楚军大打出手，楚军连连败退，大片土地被三国联军占领。

楚国与秦国关系出现裂痕，又遭遇了三国联军的攻袭，这雪上加霜的悲惨境遇，让楚国不得不对齐国屈服。楚国向齐国求和，并将太子横送入齐国为质子，这个太子横也真是可怜，送了秦国又送齐国，只是不知道这次会不会惹出什么乱子来。

楚国送质子入齐的行为惹恼了秦国，在齐、魏、韩三国联军撤离楚国以后，秦国又气势汹汹地打来，这下楚怀王有得忙了，依旧是败仗，楚国两万多士卒被杀，秦国大胜而归。但是，事情没有结束，秦国并没有善罢甘休，在退兵后的第二年，秦国再次发兵攻楚，楚国损失惨重，损兵折将不说，楚国八座城池被秦国夺取，这是一个巨大的损失。

等各个诸侯国的军队均从楚国境地上撤走，呈现在楚怀王面前的是一个四分五裂的楚国，面临这种内外交困的境地，楚怀王老泪纵横。也就是在这个时候，他的外甥秦昭襄王命使者送来了一道催命符，将楚怀王打入无底深渊，再也没有爬起来。

在痛打楚国，占尽楚国便宜以后，秦昭襄王约楚怀王到武关相会，商讨结盟之事，秦昭襄王的诏书是这样写的："始寡人与王约为弟兄，盟于黄棘，太子为质，至懽（通欢）也。太子陵杀寡人之重臣，不谢而亡去，寡人诚不胜怒，使兵侵君王之边。今闻君王乃令太子质入齐以求平。寡人与楚接境壤界，故为婚姻，所从相亲久矣。而今秦楚不懽，则无以令诸侯。寡人愿与君王会武关，面相约，结盟而去，寡人之愿也。"

这是秦国一贯政策的延续。面临秦昭襄王的盛情邀请，楚怀王却高兴不起来。老实巴交的楚怀王不知道秦昭襄王葫芦里卖的什么药，此次邀请是福是祸也是个未知数，是赴约还是放秦昭襄王的鸽子，这在楚国朝堂之上引起了一番争论。

昭雎和屈原认为秦国是黄鼠狼给鸡拜年不安好心，还是不去为上，"王毋行，而发兵自守耳。秦虎狼，不可信，有并诸侯之心"，但是楚怀王宠爱的幼子子兰公子却极力劝说他的父亲前去赴险，认为此行或许尚可以挽救楚国与秦国的友好关系，楚怀王犹豫再三，对秦国仍然抱有一丝希望，便单身去赴约了。

对于楚怀王的抉择，我们备感无奈，在多次被秦国玩弄于股掌之间后,楚怀王仍然对其充满了幻想,所谓的前车之鉴,在楚怀王这里全都成了浮云。知错能改,善莫大焉,楚怀王却是屡教不改,待其清醒之时,便是后悔之日,这次的代价却是让楚怀王连后悔的机会也没有了。

楚怀王到了武关,在还没有弄清楚状况时便被扣押了,秦昭襄王没有亲自出面,而是派了一个使臣将楚怀王押到了咸阳。关于此段历史,史书是这样记载的:"遂与西至咸阳,朝章台,如蕃臣,不与亢礼。"

到了咸阳,秦昭襄王亮出了他的底牌,那就是要求楚怀王"割巫、黔中之郡",原来,这是秦昭襄王以扣押一国君主来要挟获取土地的伎俩,楚怀王大怒,万万没有想到自己的外甥会对自己玩起这种下三烂的阴谋。楚怀王虽然利令智昏,却也不会做出出卖土地的苟且之事,盛怒的楚怀王大呼一声:"秦诈我而又强要我以地!"便不再理会秦的无理要挟。

没有达到预期目标,秦昭襄王便把楚怀王关了起来。周赧王十九年(前296),这一年的一日,楚怀王逮了个机会从囚室逃出,遗憾的是没有做到悄无声息。当发现楚怀王逃走后,秦国便封锁了通往楚国的各条通道。没有办法直接回国,楚怀王走迂回战术,先是跑到赵国,准备经赵国回楚,不幸的是,赵人不让楚怀王进城,后有追兵,前无去路,楚怀王的处境简直是一言难尽。无奈之下,楚怀王便往魏国方向逃去,却不幸在途中被秦人抓到,再次被送往咸阳。

白白折腾了一圈,楚怀王羊入虎口,已经是有去无回了,在这样的绝望中,楚怀王病倒了,这一病还不轻,不久就命丧黄泉了。

孟尝君到秦

孟尝君继公孙衍之后倡导合纵，联合齐国、魏国、韩国共同对抗秦国与楚国，成为当时名声赫赫的纵横家。其实孟尝君之美名还不仅仅在于此，作为战国四公子之首，我们有必要对孟尝君有一个详尽的了解。

孟尝君，姓田名文，其父田婴乃是齐威王之子。孟尝君生于宗室皇族，但是孟尝君幼时却没有得到应有的礼遇，这是源于当时的迷信传说。孟尝君生于五月，时有五月生子克父克母的说法，"五月子者，长与户齐，将不利其父母"，所以孟尝君一出生就被他的父亲遗弃。十月怀胎辛辛苦苦把孩子生下来，却要将其遗弃，对于一个妇道人家来说，这实在是太残忍了。孟尝君的母亲不忍将其遗弃，便偷偷地将其抚养成人。

孟尝君被其母偷偷抚养，虽然没有得到父亲的教导，却长成一个博学多识的人。至其年长以后，他的母亲将他带至父亲身边，父子交谈之中，孟尝君的言语中无不体现着睿智，他的父亲也就接受了他的存在。

孟尝君最为人津津乐道的就是他的招揽宾客之道,他招揽各个诸侯国的宾客,不论出身,不论贵贱。孟尝君家业丰厚,对待其门下宾客毫不吝啬,凡是前往投奔者,皆受到孟尝君的礼遇,其饮食居住皆与孟尝君相同。

孟尝君如此对待门客,其名不胫而走,天下的贤人志士纷纷前往投奔,当然,其中也有穷困潦倒,在别处混不下去之人,其中也不乏犯罪而逃的犯人。孟尝君不问门客出路,皆一一接纳,一时之间,各色人物皆齐聚孟尝君门下,有几千人之多。

孟尝君的用人之策,颇与曹操的"唯才是举"类似,其中不乏鱼目混珠,德行不良者,我们也许会对其不屑,但是,也正是这些人在关键时刻帮了孟尝君的大忙。

齐湣王派孟尝君入秦国任职,这对秦昭襄王来说,是件好事。这时,秦昭襄王对孟尝君的感情那是五味俱全,又恨又喜。孟尝君的大名,秦昭襄王早就钦羡已久,在此之前,秦昭襄王已经意图拉拢孟尝君,只是,孟尝君没有赏脸。

秦昭襄王以弟弟泾阳君到齐国做人质,伺机拉拢孟尝君。水往低处流,人往高处走,尤其是对于春秋战国时期的士人来说,能够为谁效力在其次,更重要的是实现自己的价值。

秦国野心勃勃,俨然一个超级大国的姿态,能够到这样的诸侯国去一展才华,这是求之不得的美事,孟尝君心痒了,打算接受这次的邀请,但是,这个时候,门下的一个宾客苏代站了出来,一席话打消了孟尝君入秦的念头。

"今旦代从外来,见木偶人与土偶人相与语。木偶人曰:'天雨，子将败矣。'土偶人曰：'我生于土，败则归土。今天雨，流子而行，未知所止息也。'今秦，虎狼之国也，而君欲往，如有不得还，君得无为土偶人所笑乎？"

苏代讲的是一个木偶人与土偶人的故事，故事中以木偶人比孟尝君，土偶人虽遇到洪流，却是能够回归本土，而木偶人却不知所踪。孟尝君入秦，若在秦国不能回来了，那只有被齐人笑话，辱没了美名，这是得不偿失的。

孟尝君向来注重名声，一听这话，便打消了入秦的念头。没有入秦，孟尝君却忙不迭地倡导其合纵，联合魏国、韩国共同对抗楚国与秦国。

孟尝君此次入秦，可以说是凶多吉少，虽然被任命为宰相，秦昭襄王对其却是极其不信任的。孟尝君作为齐国宗室，能否全心全意为秦国出力这是未可知的，在诸多事务上，会不会顾及齐国利益而舍弃秦国利益这也是不可知的，所以秦昭襄王的礼遇只是表面上的。

秦昭襄王心中本有芥蒂，若是有人在旁煽风点火，那孟尝君的处境就更加危险了。孟尝君就是这么不幸，时任秦国宰相的樗里疾，领兵打仗，为秦国的强大与稳定立下了汗马功劳，摸爬滚打才爬到了宰相的位置，在秦国享有很高的声誉。但是，让他不爽的是，孟尝君一来到秦国便得到了宰相的职位，而名气也压过了他，樗里疾在当权者中也算是元老级的人物了，真有心对付这样一个外来人简直易如反掌。

樗里疾的脑筋已经迅速转开了，这日，他的门客公孙奭来到秦昭襄王面前，将孟尝君如何种种一一陈述，总归就是一句话，孟尝君不会真心臣服于秦国，反倒会出卖秦国，为秦国带来种种灾难。

对于孟尝君，秦昭襄王虽然钦佩其名，却终究不敢全然信任，又听身边人这样一说，心里对孟尝君更加猜忌了。秦昭襄王也不敢妄下论断，便找来樗里疾商讨此事，可以想象，秦昭襄王正好掉进了樗里疾的圈套里，樗里疾添油加醋再一说，注定孟尝君的日子不好过了。

君臣二人商讨一番，打算把孟尝君羁押，暂时软禁，再想其他办法。孟尝君优哉游哉，完全没有注意到危机的降临，却见泾阳君慌慌张张跑来，大叫不好，细听之下才知道，自己命在旦夕了。

作为知己，泾阳君不忍见孟尝君被困，便出谋划策让其去贿赂秦昭襄王的宠妾燕姬，让其求情，也许还可得救。孟尝君命人去见燕姬，献上一块上好白玉，这燕姬正是得宠时，什么样的稀奇宝贝没见过，对孟尝君献上的白玉根本就不放在眼里，却张口要那白色狐皮裘。

孟尝君这白色狐皮裘价值连城不说，更是天下无双，世上再也没有第二件了，要说能够活命，送上这狐皮裘自然不在话下，可问题是，这狐皮裘在孟尝君入秦时就已经献给秦昭襄王了，现下孟尝君可犯了愁。

孟尝君急得犹如热锅上的蚂蚁，一时间没了主意，这时有一个门客求见，见了那门客，却见那门客手中拿的正是白色狐皮裘，这本就是孟尝君所有之物，自然不会看错，孟尝君又惊又喜，事情终于有了头绪。

原来，这个门客善于偷盗，夜里便披上狗皮，装扮成狗的样子，学着狗叫混进了秦昭襄王的寝宫，将狐皮裘偷了出来。孟尝君将狐皮裘献给燕姬，燕姬也不失所望，为其求情，秦昭襄王便将孟尝君放了。

孟尝君一得自由，便趁着天黑，撒开了腿，乘着快马驾着快车，往外逃。来到城门处，天还未亮，鸡还未鸣，城门大锁，根本不能出城。但是，追兵在后面忙不迭地追了过来，原来，秦昭襄王放了孟尝君后意识到自己干了件放虎归山的蠢事，便命令士卒马不停蹄地追赶孟尝君。

眼见追兵将至，城门却迟迟不开，东方的天空已经渐渐露出了鱼肚白，城门只有在鸡打鸣后才会被打开，孟尝君一行却是等不及了。正在一筹莫展之时，孟尝君身边的一个门客，非常逼真地学着鸡打鸣叫了几声，而在睡梦中的公鸡紧接着苏醒过来，一起跟着叫了起来，守门的士卒听到后，便将城门打开了。孟尝君终于摆脱了追兵，顺利逃生。

这一次性命攸关的经历，让孟尝君差一步就走进了阎王殿，孟尝君对秦国更加憎恨，更加紧了其合纵抗秦的计划。

匡章攻破函谷关

孟尝君此次入秦的经历可谓是惊心动魄,初入秦国便遭奸人谗言,险些被杀。所幸他平日里喜交友人,又与人为善,才在他们的帮助下逃出了虎穴,这番经历让孟尝君气火攻心,对秦仇恨的种子已经种下。

孟尝君回齐,途经赵国,赵国的平原君听闻了孟尝君的经历,颇有惺惺相惜的感觉,备好酒宴为其压惊。宴席中也以贵宾相待,这对于孟尝君来说,无异于雪中送炭,心中温暖了不少。

饭饱酒足,孟尝君告别了平原君,踏上了回齐国的道路,在回去的途中,有不少的赵国人因为久仰孟尝君的大名,不免有想要一睹孟尝君风采者。所谓耳闻不如一见,却是有些美好留在想象中更佳,当赵国人见到孟尝君是个又瘦又矮的小男人时,幻想中的美好形象一时间被打碎,不免有些失望,也不免表现在了颜面上。

当然以貌取人虽有不对,却也无伤大雅,怎奈,这孟尝君刚刚经历了一场生死的较量,心绪不佳,又碰上这等事,不免脾气大发，拿这些手无缚鸡之力的平民百姓出气。孟尝君拿起长剑，乱刺乱砍一通，随从也纷纷效仿，顿时鲜血洒了一地，哀号声遍起，留下一片狼藉，孟尝君扬长而去。

至此，我们对孟尝君的印象也大为改观，一个刚刚从鬼门关转了一遭的人，转眼间就将一些无辜的性命送进了阎王殿。这不得不让人感叹，古代社会平民百姓的性命就如草芥一般不值钱，一个掌握生杀大权的人，纵使是犹如孟尝君这样身负盛名的贤人，也不免会手染血渍，干净不起来了。

在手染鲜血后，孟尝君毫无愧疚之色地绝尘而去，终于回到了齐国。金窝银窝不如自己的狗窝，秦国强大，却终究不是孟尝君施展才华的地方。孟尝君回到齐国以后，被齐湣王任命为丞相。当初，齐湣王将孟尝君送入虎口，心中不免有些愧疚，此次孟尝君虎口脱险，齐湣王将其任命为丞相里面也有补偿的成分。

入秦一遭，孟尝君带回来的是满腹的仇恨，任职齐国丞相以后，孟尝君便将目标指向了秦国，继续实施他的合纵抗秦政策。孟尝君首先想到的还是昔日齐国的盟友——魏国和韩国，当年，齐国、魏国、韩国三国联军两次共抗楚国，夺得了楚国的大片土地，共享战果，这样的辉煌为何不能再次上演呢？

孟尝君以齐国曾经帮助过魏国、韩国为由邀请两国加入抗秦阵营之中。其实，对于魏国、韩国来说，楚国尚且可以对付，秦国就太难了，它们不愿意蹚这浑水，怎奈受制于人，不得不拿出一些诚意。孟尝君除了寻求魏国、韩国的相助外，还从周天子那里借到了兵器与粮草，攻打秦国的计划势在必行。

秦国虽然强大，却也是多处受敌，况且是齐国、魏国、韩国三

戰國時楚蘭陵令荀況

荀子

屈原

国联军，另外还有周天子提供了粮草与兵器相助。此次，秦国面临的是一个强大的敌人，最终鹿死谁手还真是未可知。

一切准备就绪，联军浩浩荡荡开往秦国的函谷关。提起函谷关，我们并不陌生，必然想到那句"一夫当关，万夫莫开"的称誉，此地是重要的要塞，因为地处谷中，而又深险如函，才有了函谷关的称谓。此地是秦国的重要屏障，既是"一夫当关，万夫莫开"，可见攻打此地也非易事，但是，这世间的事情又有谁能够料到呢？

齐国此次派出的大将是匡章，对于此人，我们有必要有个详细的了解。匡章，具体生卒年已经无从考证，称谓甚多，有田章、陈璋、章子、匡子多种叫法。匡章历经齐国几代国君，可谓是齐国的元老级人物。匡章是个武将，为齐国屡立战功，齐威王时就已经在齐国颇负盛名。

匡章的辉煌战争史，从史书记载的史事来看，是在齐威王末年开始的，这一年，张仪在秦国为相，魏国惧怕秦国淫威而寻求秦国的庇佑。秦国与齐国水火不容，共争一统天下的霸主地位。秦国拉拢了魏国、韩国，并从这两个诸侯国借道攻打齐国。齐威王以匡章为将领，到桑丘迎战，匡章的政敌趁他不在朝堂，便进谗言，污蔑匡章有投降秦国之意。听了近臣一番贬低匡章的话，齐威王是这样回应的：

"章子之母启，得罪其父，其父杀之而埋马栈之下。吾使者章子将也，勉之曰：'夫子之强，全兵而还，必更葬将军之母。'对曰：'臣非不能更葬先妾也。臣之母启得罪臣之父。臣之父未教而死。夫不得父之教而更葬母，是欺死父也。故不敢。'夫为人子而不欺死父，岂为人臣欺生君哉？"

原来，在匡章出征之前，齐威王为激励匡章，便允诺匡章若能够全胜而归就将匡章的母亲改葬。匡章的母亲因为得罪了自己的丈夫，被丈夫杀掉埋在了养马的栅栏下，这对于匡章的母亲来说是一件非常屈辱的事情，所以才有了齐威王改葬一说。

匡章却不领情。作为齐国的将领，匡章要改葬其母的实力还是有的，但是他不愿意这么做，这主要是源于他的父亲。匡章的母亲因为得罪了父亲才被杀受辱埋在养马的栅栏下，如今父亲死了，若是改葬母亲，就是违背死去的父亲意愿，匡章是不敢这么做的。

在齐威王看来，匡章对死去的父亲尚且如此，那么对于活着的君主自然不会产生背叛的念头。齐威王没有理会谗言，依旧对匡章信任有加。最终，匡章也不负所望，在桑丘击败了秦军。

齐威王死后，齐宣王即位，这期间，匡章曾领兵趁燕国内乱，用一个半月的时间攻破燕国。齐湣王即位后，在孟尝君的倡导下，齐国联合魏国、韩国抗楚国，匡章率领联军在垂沙大败楚军，楚国大将唐昧被杀。

以上我们可以看出，不论是武功还是德行，匡章都是过关的，只是此次函谷关一役非同小可，自从秦国立国以来，函谷关就没有被攻下的历史，更何况如今经历了商鞅变法与几代明君的经营后，秦国已经日益强大，成为战国末期的超级大国。在这样的背景之下，攻下函谷关并非易事，匡章率领三国联军能否凯旋？

战争从周赧王十七年（前298）持续到周赧王十九年（前296），这是一场持久战，也是一场毅力战，尽管艰难，联军却终究将函谷关攻下了。

攻下函谷关，进入秦地就轻而易举了，秦昭襄王绝对不允许这样的情况发生，所以当务之急便是如何阻止联军乘胜追击。秦昭襄王命使者去拜见孟尝君，准备以割地自救换取联军的撤兵。

秦昭襄王在命人与齐湣王交涉的同时，也派人贿赂了孟尝君身边的人韩庆，韩庆便极力劝孟尝君与秦议和。战争持续了太久，士卒疲惫没有了斗志，孟尝君便接受了与秦议和的条件。孟尝君的这一决定让其后悔终生，错过了灭亡秦国的大好时机，待到秦国翻身，那就只有被欺负的份了。

恶果很快便降临，瘦死的骆驼比马大，秦国毕竟实力在，很快在战败后恢复过来，投入到新一轮灭六国的计划中。

伊阙之战

函谷关一战，秦军大败，函谷关在秦国的历史上被首次攻下，齐国将领匡章在历史上留下了美名。秦国自商鞅变法以来，经历了秦惠文王与秦武王两代的经营，实力大增，可谓是意气风发，不想却在此栽了个大跟头，这真是让秦昭襄王窝了一肚子的火。

不论是掌权的宣太后，还是年轻气盛的秦昭襄王均是野心勃勃的人物，秦国灭六国一统天下的根基便是在这一时期。通过又拉又打的政策，作为秦国南部威胁的楚国已经完全丧失了生命力，自顾尚且不能，自然也不会有什么大的作为，对于这一点秦国倒是大可以放心。作为头号大敌的齐国，秦国是鞭长莫及，毕竟不彻底打通中原通道，秦国纵有百般能耐也是不足以与齐国一争高低的。

解决了楚国这个后顾之忧以后，秦国大举进攻六国的时机也来了，秦昭襄王先把目标转向了魏国与韩国。这两个诸侯国都处于中原要地，要夺取中原，这两个诸侯国首当其冲。天助秦国，也就是在这几年，天下大势发生了翻天覆地的变化。一来，本在同一阵营的齐国与魏国起了争端，处于相持阶段。二来，魏国与韩国相继更换了新君，国内形势尚且不稳定。再者，赵国在经历了赵武灵王的强大之后，陷入内乱之中，而英明一世的赵武灵王却在这场内乱中被活活饿死了，真是悲哉！

魏国、韩国局势动荡，这是秦国进攻的一个好时机，赵国自顾不暇，自然也不会插手，而齐国正等着看好戏，秦昭襄王的战前准备紧锣密鼓地进行着。

无论是对于魏国还是韩国，与秦国这一战均是铆足了劲的，毕竟受秦国欺辱多年，总有忍无可忍之时。秦国自从商鞅变法以来，迅速崛起，依靠其强大的实力，在多次战争中取得胜利。

在秦国南部的楚国深受其害，汉中、巴蜀一带均落入秦国手中，最后竟然落得一个楚怀王被囚禁致死的下场，楚国自此一蹶不振，亡国近在眼前。

在欺辱楚国的同时，秦国还频频东进，而与之东部相连的魏国与韩国深受其害，以秦国之野心与气势，楚国的今日便是魏国与韩国的明天。秦国势力之大，不是单单一个魏国、一个韩国所能够对抗的。以往的种种结果便是很好的例证，魏、韩虽然多次抵抗，却多数是以失败结束，失败之后，唯有以土地为求和的砝码，如此反反复复，魏国与韩国的大片土地被秦国蚕食，长此以往终究不是办法。

面对秦国的气势汹汹与咄咄逼人，魏国与韩国走入一个阵营，联合起来，准备以倾国之力给秦国一个反击。魏国与韩国这次抱的希望很大，倾国之力，一旦失败，将如同楚国一般，一蹶不振。

秦国虽然频频东进，其实本身也是危机重重，这主要是源于巴蜀的叛乱。秦国轻而易举收服巴蜀，但是要稳固在此地的统治并不容易。巴蜀少数民族众多，又多彪悍好战，不满于秦国的统治，稍有实力便伺机反抗，而秦国此次派往的将领又趁机寻求自立，所以巴蜀的战争，一直不曾间断。巴蜀地区制约着秦国大部人马，秦国国内与东进的兵力也就非常有限了。

此次战役，其形势不论是对秦国还是对魏国与韩国均是各有优劣，至于其中结果如何，就难以猜测了。

周赧王二十二年（前293），秦国的大军出发，浩浩荡荡往中原而去。魏国与韩国联合起来，共同抵抗。韩、魏虽然曾经作为齐国的跟班，一同攻下秦国战略要地函谷关，却也知作为当时的超级大诸侯国，秦国的实力不是盖的，必须要充分重视起来。

韩国、魏国紧急召集了二十四万大军，其中有魏国军队十六万，韩国军队八万，应对秦国的十二万大军，这是一个两倍兵力的比例，况且魏国军队中还有部分的魏武卒。这魏武卒在魏国曾经是出尽了大风头的，是吴起在世时训练的一支精锐步兵，史称"魏之武卒以度取之，衣三属之甲，操十二石之弩，负矢五十，置戈其上，冠胄带剑，赢三日之粮，日中而趋百里。中试则复其户，利其田宅"。

魏武卒穿着有三层防护的重甲，手执长矛，背负五十支长箭，操着十二石的弩，随身携带三日口粮，半天就能够走一百里的路程，如此一番劳累之后，还能够迅速投入到战争之中，这样的一支士卒战斗力是可想而知的。吴起率领这一支军队创下了辉煌的战争历史，史载"大战七十二，全胜六十四，其余均解"。七十二场战争中有六十四场全胜，剩下的打成平局，这非平常军队所能为。

如今吴起虽死，魏武卒的精神与灵魂却是留下来了，这回魏国请出魏武卒，韩国与魏国有这么大手笔，足见它们对此次战争是十分重视的。这一役，联军的主帅是公孙喜，秦国的领兵将领是白起。

但凡对秦史稍有了解之人，对白起定是不会陌生的，白起被誉为秦国的"战神"，可以想象能够拥有这样一个称号的人，自然是不同凡响的。历史中对白起的定位非常高，战国时期著名的四将，白起、王翦、廉颇、李牧，白起居于首位，更有人称白起是中国古代史上继孙武之后的一个杰出的军事家。对于这样一个传奇般的人物，我们有必要对其有个详细的了解。

白起，姓芈，白是他的氏，楚国人，白公胜的后代，所以又被称为公孙起。周赧王二十一年（前294），秦昭襄王以白起进攻韩国，韩国新城被一举攻占，秦昭襄王对自己的慧眼识人非常满意，便将白起封为左更，这是白起在战争中崭露头角。

在伊阙之战之前，白起不过是秦国众多名将中一个不起眼的小将，能够得此殊荣，统领十二万士卒，实属上天怜悯。也就是这样一个机遇，让白起从此登上了名将的高峰。

魏国与韩国实力庞大，又有魏武卒这样的精锐部队，反观秦国这边，却是不那么乐观的。司马错领兵十万，去平定巴蜀叛乱，秦国又必须要留兵在驻守城池，所以能够拿出手的确实不多，东拼西凑的十二万士卒之中也不乏滥竽充数之辈。

秦军与韩、魏联军对峙于伊阙，处于相持状态。伊阙是魏国与韩国的门户，地理位置十分重要。韩、魏联军占领要地，据险地把守，在形势上占据了优势。

对于韩、魏联军来说，能够抢占先机，以逸待劳，其优势是十分明显的。其一，秦军远道而来，士卒必然疲惫，韩、魏联军双双齐下，在秦军还未站稳根基之时打他个措手不及，必然是不难的。其二，伊阙地势险要，秦国攻城自然不是一日两日能够攻下的，韩、魏联军固守不战，只是拖延时间，直等到秦军弹尽粮绝，趁着这个时机，联军再出击，其伤亡损失必然也是最小的。不论是哪一种方案，对于联军都是极好的。

兵力上强烈的对比，形势上的巨大差距，让白起犯了难。就在秦军陷入进退维谷之中时，韩魏两国却有了异心，两军貌合神离，均有各自保存自身实力之心，在这种情况之下，都不愿意多出一份力。一个军心涣散的组合，没有上苍的厚爱，那是万万不可能打胜仗的。

白起在综观形势之后，做出了集中力量，各个击破的决策。白起先将目标投向了力量较弱的韩国，他以少部分兵力在前方牵制韩军主力，然后以主力部队绕到韩军后方，杀韩军一个措手不及。韩军方阵大乱，一击即溃，被斩首者不计其数。

魏军见韩军被破，军心不稳，大有畏惧之心，手忙脚乱之下也遭遇惨败。当韩魏联军主力被破以后，联军主帅已经控制不住形势，士卒纷纷溃败而逃，而秦军却士气大振，白起领兵乘胜追击，联军多被歼灭，主帅公孙喜成为俘虏。

伊阙一战，白起领兵以少胜多，名声大噪，韩、魏两国元气大伤，被迫割地求和，秦国东入中原的道路再也不可抵挡。

在困顿中奋起的苏秦

"头悬梁，锥刺股"是家喻户晓的故事，自从懂事起，父母、师长就用这个故事来勉励我们勤奋学习，在这一节中我们就来见识一下故事的主人公——苏秦。

苏秦，字季子，洛阳人。战国时期诸侯分立，周天子直属洛阳一地，洛阳是个大都市，苏秦的出身却不甚乐观。据《战国策》记载："且夫苏秦，特穷巷掘门、桑户棬枢之士耳。"从中我们可以看出，苏秦既不是皇亲国戚，也不是什么名门望族，乃是出身于贫民之家。

家境贫寒，却有一身的学问，这是非常难能可贵的。这样的出身，大部分人会安于现状，勤勤恳恳做个安分守己的农民。苏秦却不安分，也就是这份不安分，让他日后成为一个"一怒而诸侯惧，安居而天下熄"的关键性人物。

少有大志而又不甘贫穷的苏秦，听闻鬼谷子有才学，便前去拜师，鬼谷子见其聪颖，便授以纵横学。苏秦勤奋好学，又兼天性聪颖，很快便将鬼谷子所授融会贯通。

苏秦勤奋，"锥刺股"便是一例，《战国策·秦策》记载，苏秦"读书欲睡，引锥自刺其股"。至于苏秦聪明到什么程度，有两个成语可以为证，这两个成语是走马观碑与目识群羊。

苏秦在跟随老师学习一段时间后，很快便学会了老师教授的学问，他的老师感觉自己已经黔驴技穷，已经没有什么可以教的了，便带着苏秦入洛阳寻访有学之士。

师徒二人一路上谈笑风生，游山玩水不亦乐乎。策马入洛阳的路上，苏秦看到路旁有块石碑，便边走边看。老师见他看得起劲，便提议停下来看完再走，熟料苏秦却已经看完，并且将碑文一字不漏地背诵了下来。尽管知道苏秦聪慧，却没有想到他竟然能够过目成诵，这给了老师一个很大的惊喜。苏秦走马观碑的消息不胫而走，成为一时美谈，此后走马观碑也成为称赞人聪明的赞语。

目识群羊与走马观碑类似，同是称赞苏秦有着过目不忘的本领，其本意是苏秦走在路上，看见一群羊走过，就能够非常准确地说出白色的羊与黑色的羊的数目。有这样的本事，也难怪连他的老师也自叹黔驴技穷。

苏秦学得一身的学识，便辞谢老师，准备去做官，一展宏图。战国时期，天下纷争不断，各个诸侯国之间明争暗斗，这样的背景为知识分子，尤其是贫穷阶层的知识分子，提供了一个一展才华、步步高升的机会，众多身份卑微之士因为有才学而出人头地。

苏秦出身贫穷，亲朋好友对他寄予了厚望，如今，求学归来，苏秦大有一鸣惊人的抱负。现实是，他空有本领，却无机遇，一事无成。苏秦在列国周游了数年，仍旧没有哪一个国家的国君肯重用他。

苏秦眼观天下，秦国有一统天下之势，便鼓起勇气入秦，向秦王宣扬他一统天下的策略："秦四塞之国，被山带渭，东有关河，西有汉中，南有巴蜀，北有代马，此天府也。以秦士民之髃，兵法之教，可以吞天下，称帝而治。"苏秦为秦国勾画了一个非常有诱惑力的前景，可秦惠文王非常理智地拒绝了他："毛羽未成，不可以高飞；文理未明，不可以并兼。"眼见没有希望，苏秦垂头丧气地离开了。

用尽法宝，说破嘴皮，依旧没有得到重用，而此时，苏秦身上所带的盘缠也将用完，苏秦真是到了黔驴技穷的地步了。山穷水尽的苏秦，灰溜溜地走上回家的路，受尽人情的冷漠之后，在他心中，家是唯一的港湾了。

满心愧疚地回家寻找温暖的苏秦却在家中受到了更加残酷的打击。回到家后，没有久别重逢的喜悦，苏秦看到的是"妻不下纴，嫂不为炊，父母不与言"。生他的父母不跟他说话，与他曾经同床共枕的妻子不理他，饥饿的苏秦去嫂子那里寻点吃的，却也碰了一鼻子灰。

面临眼前的种种困境，苏秦没有理由抱怨，毕竟一个贫苦之家能够拿出钱财让其求学多年，这已经是非常大的恩遇了。背负着偌大的希望离去，却满载着失望而归，这不仅是对苏秦的重大打击，更是一下子戳破了亲人的希望，那么还能奢望得到什么好的脸色呢？

种种待遇，苏秦微笑着接受，心中却是无限的苦楚。有句话说得没错，压力成就动力，在巨大的压力之下，苏秦却有了更大的斗志,大叹一声:"妻不以我为夫,嫂不以我为叔,父母不以我为子,是皆秦之罪也!"感慨过后,苏秦把自己关进屋子里,进修去了,这一次养精蓄锐的结果会如何?

据《战国策》记载,苏秦在闭关期间,有一本书对他影响甚大,这本书的书名是《太公阴符》,传言是姜子牙所作,记载兵法与权谋。苏秦在得到这本书后,如获至宝,精心研读,在此书的基础上,掺和所思所悟,写成了《揣》《摩》两本书。

一段时间与世隔绝的研修之后,苏秦带着他的两本著作出关了,这一出关,正赶上了燕王哙禅让引起的大乱,这恰恰成了苏秦一鸣惊人的一个契机。

燕昭王招贤纳士,改革内政,整顿军队。通过法律规范了管理的审查与考核,在用人方面也摒弃了"亲亲""贵贵"这样的恶习。在军事上,以乐毅为将,进行军队训练,并安抚士卒家属,一定程度上提高了士气,军队的战斗力得到了很大的提高。

也就是在这样的时机,苏秦入燕,这是苏秦政治旅程的开始。那么,苏秦能否在人才汇聚的燕国崭露头角,继而一鸣惊人?

苏秦的三寸不烂之舌

苏秦来到燕国,得以觐见燕昭王。来此之前,苏秦就为自己定好了位,那就是做一个说客。燕昭王即位以后,招贤纳士,一时之间群英会聚,武将有乐毅,谋士有邹衍,他们均是各自领域的佼佼者,若再与他们争饭碗,那无异于是一条非常艰难的道路,况且,苏秦对自己的嘴上功夫颇为满意,说客无疑是一个很好的选择。

见了燕昭王,苏秦先一番美言,说得燕昭王颇为得意,让苏秦留了下来。当然,燕昭王并非因为苏秦的一番美言而将他留在身边,此时正值用人之际,是骡子是马总有拉出去遛的时候。不管怎样,燕昭王对苏秦的印象还是不错的,好的开始是成功的一半,有了一个好的开端,苏秦的信心更大了。

苏秦能说会道,却也不是无稽之谈,事事能够有理有据,颇入人心,在不断的交往中,燕昭王越发觉得苏秦是个可信任之才,对苏秦重视起来。

取得燕昭王的信任,苏秦事事越发卖力了,眼见燕国在燕昭王的治理下，逐步崛起，苏秦察觉到燕昭王的雄心壮志，似有伐齐之心。其实，这也无可厚非，毕竟齐国曾经趁火打劫，攻下整个燕国，置于齐国统治之下，后来因为燕国人民的不断反抗，才免遭亡国之苦。齐国主力虽然从燕国撤出，却仍旧占据着燕国大片领土。

想起齐国，燕昭王恨得咬牙切齿，那份耻辱，是燕昭王心中永远的痛楚，眼见齐国日益嚣张，燕昭王便有些按捺不住，想要出手了。但是，事实是残酷的，齐国是个大国，综观天下，唯有秦国能够与之相抗衡，一个小小的燕国焉能是它的对手？

有心无力，最让人心痒，齐国横行霸道，燕昭王却只能忍气吞声，只等养精蓄锐之后再报那奇耻大辱。苏秦眼观六路，耳听八方，又懂得察言观色，渐渐成为燕昭王的心腹。入燕不久，燕昭王便将苏秦派往齐国，交涉被齐国占领的燕国土地问题。

齐国从燕国撤出以后，尚有十座城池被齐国占领，在国内政局稍稳定之后，燕昭王便考虑着如何收复这十座城池。苏秦接受了这一艰巨的任务，以最小的代价要回燕国的十座城池是他此行入齐国的目的。

来到齐国，面见了齐宣王，苏秦在礼节上无一不具，这让齐宣王对他颇有好感。一番祝贺与问候的寒暄过后，苏秦对齐国的未来表示了担忧，一副全然为齐国着想的模样，苏秦此举意在吊起齐宣王的好奇心。

眼见苏秦这副模样，齐宣王的好奇心果真被吊了起来，这正中苏秦的下怀。苏秦将已经准备妥当的说辞娓娓道来，听得齐宣王频频点头，连称有理。一个说客能够在不知不觉中将听者引入他的思路，在这样一个氛围中迷失自己的思绪，这正是说客的目的所在。

种种道理听起来是那么的合情合理，说客在不知不觉中已经达到了目的，却让听者听起来觉得说客处处是为听者着想。

苏秦的一番说辞，让齐宣王听着舒服的同时为燕国谋取了无尽的福利，其中的成功应该源于苏秦的处处为齐国的"着想"。现下，燕国弱小，以齐国之力，攻下燕国不在话下，但是俗语有云，打狗尚且要看主人，燕国背后有秦国，秦国与燕国有姻亲关系，燕国被欺辱，秦国岂能够坐视不理？

得燕国之地容易，但是却因此而得罪了秦国就得不偿失了。秦国是当时唯一的一个超级大国，举齐国之力能否一战尚且不可知，齐国为何要冒这么大的风险呢？

两个问句，把齐宣王问得哑口无言。齐宣王听闻苏秦所说，一时没有了主意，在殿中踱来踱去，良久无语，回想苏秦所说，不无道理，但是让他把入口的肥肉吐出来确实又不甘心，两相衡量，不知道如何抉择？

苏秦见齐宣王的神情，心中不禁明了，知道事情已经有了回旋的余地，只要再在旁点把火就能够不费一兵一卒将原属于燕国的土地收复，这可是一份大功劳。

苏秦走至齐宣王身边，以试探性的语气，非常明了地提议，不若归还燕国的十座城邑。苏秦见齐宣王并没有强烈反应，便接着说出了齐国归还燕国城邑的种种好处。齐国若当真归还了燕国的十座城邑，不但是在向秦国示好，还给了燕国恩惠，燕国必然感激涕零，而齐国也赢得了好的名声，这不论是对秦国、燕国还是齐国自身，均是好事，可谓是一箭三雕。

齐宣王虽然皱起了额头，却频频点头。事情进展得非常顺利，齐宣王最终是将齐国将士辛辛苦苦用血肉之躯换来的燕国十座城邑拱手送还,除此之外,还外送千金表达歉意。苏秦的目的达成,真可谓一条三寸不烂之舌可抵千军万马。

苏秦昂头挺胸踏上回燕国的路,准备迎接掌声与鲜花,这是苏秦出师的第一战,打得非常漂亮,至少他是这样认为的。苏秦想象燕昭王听闻这个消息后,眉开眼笑的神情,不觉神清气爽,精神百倍,干劲十足。希望与失望同在,希望越大,失望也就越大,对于此话苏秦是确确实实、真真切切地感受了一把。

回到燕国,事情完全不在苏秦的预想范围内,没有鲜花,没有掌声,就连一个住处也没有,再见那些同僚,眼中却是数不尽的不屑,而苏秦甚至没有觐见燕昭王的机会。苏秦一头雾水,却也明白必然发生了对自己不利的事情。

苏秦赶紧找人打听了一下,终于明白了其中的缘由。原来,苏秦在齐国的这段时间,有人在燕昭王面前进谗言,说他是如何如何不讲义气,把苏秦陈芝麻烂谷子的事情一一抖了出来。苏秦刚来燕国不久,燕昭王听得半信半疑,却也不敢大意,毕竟这是关乎国家未来社稷的大事,再加上说话的人在燕国有些分量,就更加增加了可信度。

对于燕昭王来说,苏秦毕竟不是本国人,非我族人,其心必异,虽然太过笼统却也颇有道理,况且,并没有深入交往,对苏秦其人也并不十分了解。万一苏秦是别国派来的卧底,岂不是正中了圈套?另外,苏秦一入齐国,便不劳一兵一卒就让齐国归还了燕国的十座城邑,这种天下掉馅饼的事情,颇有蹊跷,十分可疑。

宁信其有,也不能在日后后悔,燕昭王在不给苏秦任何机会辩解的前提下，就给苏秦定了罪，至于苏秦从齐国要回燕国十座城邑的功劳也忽略不计了。

苏秦明白了其中缘由，时时伺机觐见燕昭王，终于如愿以偿，并与燕昭王进行了一次彻夜长谈，不管经过如何，总之，苏秦用他那三寸不烂之舌说动了燕昭王。这次长谈以后，燕昭王对苏秦依旧如故。

说客在战国时期的作用非常突出，一个有智谋而又能言善辩的说客，其作用更是不可估量，在有些情况下，可胜千军万马。若说到战国时期的顶级说客，非张仪、苏秦莫属，张仪与苏秦师出同门，但张仪要比苏秦较早登上历史舞台，这与《史记》中司马迁的记载有些出入。

张仪在历史上落幕以后，苏秦成了一个不可缺少的角色，此次不费一兵一卒就为燕国收复了十座城邑，这是苏秦崭露头角的开始，之后还有更大的一个舞台等着他去开拓。苏秦是聪慧的，但是，伟大思想的实践需要天时、地利、人和的密切配合，若非如此，便仅仅是构想而已。

苏秦的棋盘有多大

一番"锥刺股"之后，苏秦带着满腹的学问来到燕国，终于找到了适合自己的舞台。在这个大舞台上，苏秦倾其所学，立誓要闯出个模样来。上任之初，出使齐国，以三寸不烂之舌不费一兵一卒就让齐宣王归还了燕国的十座城邑，这是一个非常成功的开始，尽管回来之后出现了一个小小的插曲，但是，这并没有打击苏秦的信心。

在与燕昭王彻夜长谈以后，苏秦越发干劲十足，为燕昭王鞍前马后越发上进。燕昭王看在眼里，记在心里，对苏秦更是信任有加，这让苏秦春风得意，一扫往日阴霾，终于扬眉吐气了一番。

一个优秀的说客善于察言观色，在这一方面，苏秦毫不吝啬。在洞察了燕昭王想要报复齐国的意图之后，苏秦便开始动起了脑筋。

燕昭王岂能够忘记齐国给予的奇耻大辱？自己父亲惨遭杀害，而燕国刚立的新君被剁成了肉酱，齐国的铁骑踏过了燕国的整片领土，人民惨遭蹂躏，亡国之恨，燕昭王时时记在心里。往事不堪回首，现实却也同样得残酷。纵观天下，自从各国相继进行了变法之后，形势发生了巨大的变化，秦国日益强大，成为唯一的一个超级大国，楚国一日一日被蚕食，不如往日，唯有齐国堪与秦国相抗衡，这样的实力，燕国自然不是对手。

经历了子之之乱，又遭遇了齐国的趁火打劫，虽然在位的燕昭王励精图治，对内改革，选贤任能，却也不是一日两日就能够使燕国迅速崛起的。每每想及此，燕昭王不无叹息，大仇未报，便一日不得安息。

苏秦总览天下大势，又善于察言观色，怎不知燕昭王的心思。让燕国强大起来，非一朝一夕的事情，既是如此，就唯有借助外力与削弱齐国两条道路可以走了。

苏秦准备双管齐下，一来使齐国与各个诸侯国交恶，二来以战争形式来削弱齐国实力。为达到这样的目的，苏秦想到了位于齐国以西的一个小国——宋国。

一方面，宋国与秦国临近，为寻求秦国的庇护，一直以来与之交好，宋国虽小，但是要拿下它也是不免要劳民伤财、损兵折将的，如此一来，齐国实力必然受损。另一方面，秦国一直将宋国视为口中之物，齐国如攻打宋国，岂不是从老虎口中夺食？秦国自然不会坐视不管，有这样一个强有力的后盾，就更增加了攻打宋国的难度。

苏秦的脑筋迅速转动，计谋呼之而出，来不及犹豫，便前去觐见燕昭王，将心中所想一一禀报了燕昭王。燕昭王虽然有伐齐之心，却还没有形成如此缜密的心思，听罢苏秦所说，不觉心旷神怡，信心与勇气一时涌上心头，对苏秦的计谋赞叹不已。

燕昭王连连点头称是，见他容光焕发，苏秦再次大胆提议，请求出使齐国，入齐国做卧底，好在齐王耳侧煽风点火，以实现削弱齐国的目标。燕昭王此时已经对苏秦的计谋佩服得五体投地，哪里还有不应允的道理，一口答应了苏秦的请求。

苏秦在入齐使得齐宣王无偿送还燕国十座城邑以后，于公元前289年再一次踏上了出使齐国的道路。此时齐国的国君是齐湣王，他对苏秦的印象不错，苏秦一入齐国便得到了优待。

其实，这一年齐国国内形势已经发生了变化，齐湣王上任不久便罢免了孟尝君。作为战国四公子之首，孟尝君的名气那不是一般的大，况且手下聚集了一批生死门客，这些人中的多数大都是在落难之时被孟尝君收留，孟尝君好吃好喝地将他们待为上宾，这是雪中送炭的恩情，他们必然是对孟尝君忠心耿耿的，可谓是生死之士。

孟尝君的行侠仗义在为他赢得了名声的同时，更为他带来了实惠，他好几次能够死里逃生全赖于门客的相助，这样一来，孟尝君之名更是尽人皆知了。一个臣子，名气大到超过了主子，这样的臣子又有哪个君主能够容忍？所谓功高盖主，就这一点，孟尝君就不能在齐国待下去了，更何况孟尝君把持齐国朝政大权，使君权弱化，更是被齐湣王所不容的，所以，孟尝君已无立足之地。

孟尝君被罢免了，与此相对的，齐国与周边诸侯国的关系也发生了微妙的变化。孟尝君把持大权时，一向主张与赵国交好，他这一走，他的政敌便登台唱起了主角，齐国与赵国的关系走向滑坡，这正中苏秦所愿，事情已经开始朝着他预期的目标发展了。

作为一个卧底,必须处处谨慎,毕竟是一着不慎,脑袋就要搬家。纵使比常人聪慧,苏秦也不免小心翼翼,更是时时察言观色。来到齐国以后,苏秦并没有立即向齐湣王献上攻打宋国的计谋,而是上下打点,打听齐国形势,毕竟知己知彼才能够百战不殆。

这日,苏秦见齐湣王心情舒畅,便将蓄谋已久的计谋说了出来,当然,这番说辞自然不能跟在燕昭王面前的说辞雷同。兼并其他诸侯国无论对于哪个诸侯国来说都是乐此不疲的事情,在诸侯国中有些实力的齐国更是如此。齐湣王好大喜功,攻打宋国的提议自然是乐于接受的,但是,又必须有个合情合理的理由,这让齐湣王陷入困境之中。宋国素来谨慎,不惹事端,总要找出个攻打它的理由来。

苏秦早有准备,他搬出宋国君主来说事。原来,宋国的国君荒淫无度又暴虐不堪,虽身居高位,却不谋其政,致使天下共愤。齐国若是在这个时候攻打宋国,不但不会背负不义之罪,还会为天下除害,这样一来,齐国不但赢得了美名,还获得了实际的利益,齐国称霸中原也就指日可待了。

齐湣王听罢苏秦所说,心中顿时澎湃起来,哪一个君主不想在在位期间做出一番成绩?对于好大喜功的齐湣王来说亦是如此。齐湣王的野心蠢蠢欲动,似乎要喷薄而出了。然而,齐国攻打宋国也同样有许多顾虑,齐湣王不得不深思。

正如我们前面所说,宋国历来与秦国交好,对于招惹秦国,齐湣王还没有十足的把握。一旦与宋国交战,势必也要与秦国大动肝火,所以,齐国的对手不单单是一个弱小的宋国,还有宋国背后强大的秦国,这是利益与风险并存的事情,齐湣王不敢贸然出兵。

眼看齐湣王一扫愉悦,代之一脸的阴霾,苏秦已经料到齐湣王的顾虑,心中早就有了应对之策。这盘棋正朝着苏秦预料的方向一步一步前进,每一步他都已经想到,一个小小的宋国不足为惧,齐湣王害怕的是秦国,针对此,苏秦再献上一计。

苏秦的计谋是联合各个诸侯国共同抗秦,这正是公孙衍合纵政策的延续,苏秦一生事业的巅峰也因为合纵而成就。

拿不定主意的齐湣王一步一步被苏秦牵着鼻子走,苏秦的每一个计谋让人无不叫绝,当苏秦提出联合各个诸侯国共抗秦国的计划时,齐湣王连忙拍手称好,削弱秦国正是齐国好几代人所求,若能够由齐湣王亲手完成,那历史上必然有他浓重的一笔,想及此,齐湣王怎能不兴奋?

当苏秦一手揽下合纵事宜时,齐湣王已经感动得几乎要落泪了。夸下了海口,苏秦当真能够完成联合各国共同抗秦的使命吗?他的命运又将会出现什么样的变故?

如意算盘终得逞

孟尝君被罢免以后，接替他的职位的是韩珉。韩珉此人虽然在历史上名气不大，在此却有必要对他有个大概的了解。身为燕昭王的好友，韩珉在思想上是亲秦的，在孟尝君独揽齐国大权之时，受到压制，因为孟尝君是主张与赵国交好的。

孟尝君下台以后，韩珉登上齐国的相位，齐国与周边诸侯国的关系也随之发生变化，齐国与秦国的关系很可能向着缓和状态发展，这对于其他弱小的诸侯国是十分不利的。

当时天下，秦国独尊，齐国仅次于秦，若是这两个超级大国联合起来，侵吞蚕食众多小国易如反掌。苏秦带着削弱齐国实力的目的来到齐国，如今齐国却出现了与秦交好的势头，这种形势对燕国十分不利。一个齐国燕国尚且不能够独立应对，更何况再加上一个强大的秦国呢？苏秦自然不能容许势态朝着这样的方向发展。

苏秦冷静下来，思绪慢慢展开，若使齐湣王不动心思与秦国结盟，眼下唯有加速合纵的步伐，增强齐国与秦相抗衡的实力。正当苏秦思路渐渐清晰，事情越来越有眉目之时，一个人的到来引起了苏秦的恐慌。

秦国大臣魏冉出使齐国。听说此事，苏秦的神经立即紧绷起来，现在他对秦国十分敏感。魏冉是秦国重臣，在秦国手握大权，党羽甚多，此次秦昭襄王派他前来，恐怕是有极其重要的事情。

魏冉觐见了齐湣王说明来意，消息已经传到苏秦耳中，事情正是苏秦所害怕的。魏冉此次前来正是要商讨秦齐联盟之事，为此，秦国还抛出了一个巨大的诱饵，那就是齐国、秦国东、西称帝。事情似乎要超出苏秦的控制了，对于燕国来说，前面的路将更加难走，所以他必须从中作梗，破坏秦齐同盟的形成，如此才能给予燕国生存的机会。

姑且不论苏秦如何阻止齐国与秦国的结盟，且看秦国与齐国结盟是基于什么样的目的。

秦国自从商鞅变法以后，可谓是意气风发，对周边各个诸侯国蚕食、吞并，往西吞并巴蜀，打败义渠，往南削弱楚国，先是将楚怀王玩弄于股掌之中，然后将其囚禁，直至使其客死他乡，而昔日的楚国再也不似往日威风，逐渐衰弱下去，不再是秦国的对手。在西扩领地，南弱楚国之时，秦国还逐步打开了入主中原的道路，魏国、韩国均不胜其扰，领地多有被蚕食，伊阙一战，韩国、魏国二十四万联军被白起打得落花流水，这两个国家实力大伤，已无还击之力，唯有割舍领地以求得苟延残喘至今日。

在秦国扩充实力的同时，齐国也没有闲着，趁着燕国内乱，政局不稳，狠狠地打击了燕国，燕国险些遭遇亡国之辱。齐国、秦国这两个大国，一东一西，各自将手伸向周边诸侯国，在它们东征西讨的淫威之下，韩国、魏国、燕国唯求自保，而一直悄无声息的赵国却趁着这个时机不断强大起来。

赵国的强大是在赵武灵王在位时，一来，赵国与周边各个诸侯国关系融洽，尤其是与东方大国齐国保持着友好的关系，二来，赖于赵武灵王"胡服骑射"的改革。赵武灵王是一位非常有作为的君主，他即位的时候，赵国正处于衰弱时期，在与其他诸侯国的战争中，赵国常常吃败仗，时间一长，士卒士气下降，毫无信心，致使一些与之相邻的小国也常常来骚扰赵国边境。

有压力就有动力，赵国面临的处境非常危险，再不进行一场大的改革，就要面临亡国之险，赵武灵王锐气十足，当目睹了北方胡人的英勇之后，便决定效仿他们进行改革。赵武灵王多与北方胡人打交道，在多次的交手失败后，他总结经验教训，发现胡人在穿着与武器装备上都有许多长处。在衣着上，胡人穿窄袖短袄，足上穿靴，不论是起居生活还是作战均十分方便利落。而胡人作战时多是骑兵，使用的武器也多以弓箭为主，这样的作战形式具有非常大的灵活性。

以人之长补己之短，赵武灵王决定实行"胡服骑射"，下令全国上下效仿胡人，并以身作则，穿上戎装，学习骑马射箭。

一项新的改革措施的实施，总是会遇到来自各方各面的困难。"胡服骑射"实行之初便遭遇了各种阻力，众多皇亲国戚以"易古之道，逆人之心"为由，纷纷站出来反对，并拒绝执行赵武灵王的命令。赵武灵王一改往日的温和，非常严肃地指出："先王不同俗，何古之法？帝王不相袭，何礼之循？""势与俗化，而礼与变俱，圣人之道也。""便（通变）国不必法古，圣人之兴也，不相袭而王。"赵武灵王的每一句反驳,都让众王公大臣哑口无言。

赵武灵王停顿了一下,在殿堂上居高临下,以一种不可抗拒的口气针对衣服,又说出了一番话:"衣服之制,所以齐常民也,非所以论贤者也。"赵武灵王王者之风,无不令听者生畏,而他所说的话,更是分量十足,最终得到了大臣的支持,"胡服骑射"得以顺利实施。

"胡服骑射"之后,赵国建立了一支骑兵,成为战争的主力,并在多次战争中显示出了无与伦比的威力。赵武灵王先夺中山,再掠胡地,北击匈奴,一时之间"辟地千里",在韩国、魏国、燕国衰弱下去的同时,迅速崛起,成为仅次于秦国、齐国的大国。

对于赵国的迅速崛起,秦国甚为惊恐。秦国要想继续东进,必须要先拿下赵国这个拦路虎,而与赵国友善的齐国对于这个悄然崛起的"朋友"也是同样的不满,毕竟又多了一个劲敌,但是,正如当时时人所说,"齐、魏虽劲,无秦不能伤赵,秦、魏虽劲,无齐不能得赵",要拿下赵国,没有齐国的相助难以成功。

秦国与齐国相距甚远,因为这种地缘关系,两国的直接交兵较少,但是,这两国却是称霸天下的劲敌,两国必然有一场最后的较量。而赵国的拔地而起,成为与两国相抗争的一个大国,不论是齐国还是秦国,都觉得赵国是个劲敌。基于这一点,秦国想要拉拢齐国,目的在于共同抵抗赵国。于是,秦国重臣魏冉便受秦王之命,出使齐国,并送上帝号为诱饵。

此时的苏秦正与齐湣王策划攻打宋国,却被魏冉插了一脚,这一脚扰得齐湣王有几分犹豫,心中升起了与秦国联盟的念头。

眼见齐湣王在赵国与秦国之间摇摆不定,苏秦立刻动了心思,给齐湣王上了一课：首先，齐国与秦国共称帝，天下之人却独尊秦国，但若是齐国放弃帝号，天下人便会敬重齐国，放弃称帝可为齐国赢得好名声。其次，同秦国联盟，共同攻打赵国与齐军攻打宋国所得利益相较之下，反倒是伐宋更有利。既然如此，齐王为什么不放弃帝号而顺应天下民意呢？

一番话说得齐湣王犹如醍醐灌顶，茅塞顿开，齐湣王当即回绝了秦国，并约赵国在阿地会盟，约定共同对抗秦国，在哄得齐湣王甘之如饴的同时，苏秦的目的也达到了。

柿子捡软的捏

齐湣王在位时期，齐国日益强大，南征北战也越来越骄横。自苏秦成功离间了齐与秦的关系，齐湣王开始走上了独自称霸的道路，他先后率齐军南败楚相唐昧于重丘，再向西进攻三晋势力，打击其于观津。接着，秦昭襄王二十年（前287），齐国合纵楚、三晋攻秦，在与秦国交手的同时，齐和赵、魏也在激烈地争夺宋国。为了夺取宋国的控制权，齐国不惜与赵、魏大肆开战，也因此悄然地消耗了国力。

秦昭襄王二十一年（前286），在夺宋之战中，不甘失败的赵国再次向齐国挑战。不过，赵王俨然高估了自己当下的实力，被齐国又一次挫败。此后，齐湣王第三次伐宋，此次孤立无援的宋国终于被齐国所吞并了，而齐国也因此失去了三晋和楚国的支持。苏秦的几次离间终于达到了目的。

自齐国打败宋国之后，齐国将自己的国土扩展至千里之外，一时间各路诸侯都对齐国表示臣服，秦、燕、三晋这些与齐相邻的大国则是又眼红，又觉可气。齐湣王的行为也愈加嚣张，骄矜自满，对内欺民而失民心，对外又多方得罪诸侯，齐国的政治局面迅速下滑，国势岌岌可危。

正所谓，柿子要捡软的捏。秦昭襄王二十三年，即燕昭王二十八年（前284），燕昭王见齐国势孤，苏秦的目的达到，立刻任命乐毅为上将军，倾全国之军力出征齐国，一雪前耻。

乐毅其人本为魏国著名的将领乐羊之后裔，他聪敏善思，又精于兵法，最早居于赵国，在赵国颇受人尊重和推崇。赵武灵王成为主父（类似"太上皇"）之后，赵国发生沙丘政变，赵武灵王被困死沙丘宫，国家在当时也动乱不堪。乐毅为了躲避政治灾祸，来到了魏国都城大梁（今河南开封西北），被魏王礼聘为大夫。在燕昭王发动对齐之战前，乐毅奉魏王之命出使燕国，燕昭王欣然接见。

乐毅的名声早已在燕国传开，燕昭王也非常赏识他，对其可谓殷勤百倍，甚至用厚礼聘乐毅事燕国。看到燕昭王如此诚恳，乐毅深为感动，就答应了留在燕国。燕昭王欣喜若狂，立刻封他为亚卿。在周制中，卿分上、中、下三级，次者为中卿，又称亚卿。汉代以前设六卿，为国家高级官员。乐毅得亚卿位，足见燕昭王对他的喜爱。

秦昭襄王二十三年（前284），燕昭王联合三晋和秦国，对齐国发动战争。燕昭王知乐毅熟读兵法，见解非凡，就命他为上将军率领燕军。此时，秦国派兵和三晋的兵马会合，与燕军形成一线。当时，三晋和赵国久闻乐毅盛名，赵王更是以相国印授给了乐毅，俨然令乐毅统帅赵国兵马。其他几国见如此情况，也把兵马指挥权交给了乐毅。不久，乐毅统帅燕、秦、韩、赵、魏五国之师伐齐。

因燕国与齐国北面接壤，五国联军从燕国出发，直插齐国北地。当时的齐湣王尚未得知苏秦是间谍，以为燕国跟自己的关系不错，根本无须顾虑，还沉浸在骄奢淫逸的暖乡当中，哪知道家门背后早已经被自己信任的人点着了一把大火。

乐毅出其不意，攻其不备，令齐国顿时乱了阵脚。齐国在北方的驻兵非常少，遇到五国联军简直不堪一击，齐国北部各城接连失守。齐湣王见势不妙，立刻任命触子为将，率领全国军队主力渡过济水，向西进发以拒五国敌兵。齐国此时倾二十万兵力与五国二十多万兵马在济水之西（今山东高唐、聊城一带）展开决战，在这里发生了著名的济西之战。

由于齐湣王连年发动对外战争，齐国的兵马其实已经疲惫不堪，全军士气低落，迎战势头正旺的五国联军已经不利。但齐湣王却不管这些，为了迫使将士死战，竟以"挖其祖坟、退败则死"对将士们相威胁，使得军营中人心惶惶，将士离心，全军斗志消沉。这样的兵马与乐毅交手，无疑是要败的。不出所料，齐军与五国联军刚刚交手便败下阵来，触子不敌而逃亡，一时间不知去向，副将达子只好收拾残兵，退到了都城临淄，屯兵于秦周（临淄雍门以西地方）以免临淄被夺。达子没想到乐毅会穷追一路，双方于秦周展开激烈的交战，达子不幸身死，临淄的第一道大门就这样被打开。

这个时候，秦国和韩国因国内政局不稳，都无心恋战，退出了这场伐齐战争，乐毅却并未善罢甘休，而是将魏国的军队分出去攻打被齐国占领的宋国旧地，把赵国的兵马调出来打河间之地，他自己则带着燕国的兵马进攻临淄。看到乐毅如此安排，燕将剧辛坐不住了，他坚决不同意燕军孤军深入，毕竟齐大而燕小，如果没有其他诸侯国的兵马，燕军独攻齐军，赢了也就罢了，万一不输不赢或者干脆输了，以后一定会与齐国结梁子，以后一旦齐国再次崛起，肯定会拿燕国开刀。

不过，乐毅却不同意剧辛的观点，认为："齐土伐功矜能，谋不逮下，废黜贤良，信任谄谀，政令戾虐，百姓怨怼。今军皆破亡，若因而乘之，其民必叛，祸乱内作，则齐可图也。若不遂乘之，待彼悔前之罪，改过恤下而抚其民，则难虑也。"这段话的意思是，目前趁着齐王人心所背的时候攻打齐国，齐国的臣子百姓也会跟着造反，攻击齐国王权。如果燕国此刻不把握时机，过齐而不攻之，等到齐湣王回过神来，痛改前非，整顿国治，那时候再想图谋齐国就难了。于是，乐毅便率燕国兵马，一举进攻齐都临淄，不久临淄即沦陷了。

燕昭王听闻乐毅大胜的消息，欣喜若狂，暗道真没选错人，立刻亲临济上（即济西）犒赏燕军，封乐毅为昌国君。而另一边逃亡莒地的齐湣王恨燕王和乐毅入骨，偷偷向楚国求助。楚顷襄王十五年（前284），这一年成了齐国灾难性的一年，也成了齐湣王客死他乡的一年。楚国以助齐国夺回政权的名义占领了淮北等大片土地，楚将淖齿则偷偷潜入莒，与齐湣王密谋合作，齐湣王不疑有他，在毫不知情的情况下，被淖齿杀了。

至此五国伐齐战争结束，此役乐毅不仅实现了燕昭王为燕国雪耻的愿望，燕国的疆域也得到了扩展，燕国在战国中的"七雄"地位亦因此得到了确立。

镜头调转到秦国。秦国在伐齐之战中突然退出，原因有三：第一，顾虑与燕将剧辛几乎相同，如果对齐国赶尽杀绝，将来齐国再次崛起，将必成秦国大患；第二，当时的秦国内部政局不稳，没有必要因为过大的军费开支再增加内政负担；第三，若是当真攻齐，没有必要与燕国共享齐地，不如自己取之。秦昭襄王一向深谋远虑，于是临阵撤军，决定他日再图齐地。

不过，此时的秦昭襄王对齐国的兴趣不大，而是对魏国和赵国更感兴趣。秦昭襄王二十四年（前283），驰名远近的和氏璧落在赵国手中，秦昭襄王贪图和氏璧的名贵，便向赵国提出了以十五座城交换之的提议。至此，便发生了人人皆知的"完璧归赵"一事。

十宫词图册·秦宫 清 冷枚

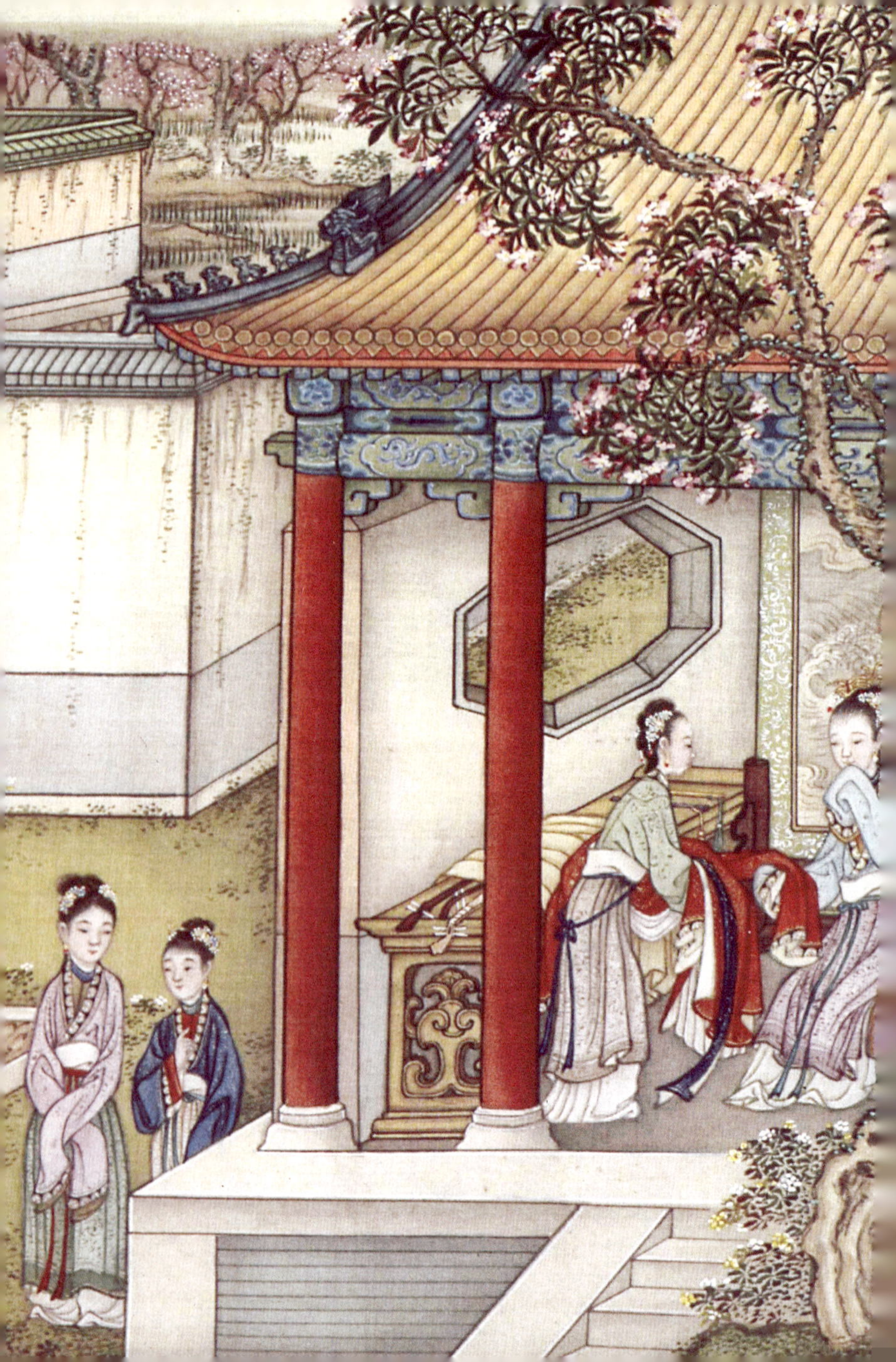

第三章

计谋楚赵：我要你们的地盘

完璧归赵

　　春秋战国时期，诸侯国不论大小，几乎都有自己的镇国之宝。《战国策》中有这样的记载："周有砥厄，宋有结绿，梁有悬黎，楚有和璞。""璞"是指未经雕琢的美玉，而这里所说的"和璞"指的就是和氏璧。

　　关于和氏璧的记载很多，最早见于《韩非子》和《新序》等书中。相传在春秋时期，楚国有个琢玉能手，名叫卞和。卞和偶然间在荆山（今湖北省漳县）见凤凰落于一块青石之上。古人曾有"凤凰不落无宝地"之说，卞和凭借自己的眼光和多年的经验，觉得这是一块难得的美玉，便把它献给了君王。

　　当时楚国在位的是楚厉王，他把卞和所献之玉交由宫中的玉工查看，这玉工识不得金镶玉，便回禀君王说这只是一块普通的石头，并非什么美玉。楚厉王闻言大怒，便下令斩了卞和的左脚。

　　厉王死后，即位的是武王。卞和见新君即位，又捧着这块玉石去见武王。武王也识不得玉，依旧交由玉工查看。怎知这玉工仍说卞和所献的是一块石头，楚武王又以欺君之罪砍了卞和的右脚。

武王死，他的儿子文王继承了他的王位。卞和自知冤屈，心中有苦难言，便抱着这块玉石在楚山脚下痛哭了三天三夜。他眼中的泪水都流尽了，后来流出来的竟然都是鲜血。

楚文王得知此事，便派人去问卞和为何哭得如此伤心。卞和回禀道，他并非为自己被砍去的双脚而哭，而是为这块宝玉而哭。美玉被误认为顽石，就像他如此忠贞之人却被错判为欺君的小人。文王听他所言，便下令将这块青石剖开，其中果真是举世无双的美玉，遂赐其名为"和氏璧"。

这块玉璧曾被楚威王赐予了灭赵败魏的功臣昭阳，后来就不知下落。到了战国时期，赵国宦官缪贤偶然以五百金购得和氏璧，赵惠文王闻讯，便将其占为己有。

秦昭襄王也知道和氏璧是一件举世无双的宝物，所以在听说了此事后，他便修书给赵惠文王，称"愿以十五城请易璧"。秦国在当时的势力可谓是如日中天，大有吞并诸国的趋势，赵国自然不敢与之对抗。看着秦昭襄王的来信，赵惠文王陷入了两难的境地。

赵惠文王想一向小气不肯吃亏的秦昭襄王这次竟如此大方，实在是有些蹊跷。但若是不肯将和氏璧交到秦国，恐怕又会引起两国的战争，到时候必然是血流成河，民不聊生。其实用一块玉璧去换十五座城池，这的确是一桩不错的交易，也是赵国扩张其势力范围的一个绝好机会。赵惠文王也有所心动，但他又怕秦昭襄王耍花招，最后人财两失。

赵惠文王思来想去也拿不定主意，于是便将大臣们召集起来一起商议，想找个合适的人出使秦国。众人讨论来讨论去，也没有提出什么合适的人选。这时缪贤便站出来推荐了他的门客蔺相如，说这个人可以出使秦国。

赵惠文王不相信一个小小的门客能够担此重任，缪贤便解释道，他曾经犯罪想逃到燕国去避难。但蔺相如却对缪贤说，他如何知道燕王就会收留他呢？缪贤告诉蔺相如，说他与燕王曾有一面之缘，燕王也说过愿意交他这个朋友。

但蔺相如却对缪贤说，赵国比燕国强大，缪贤又颇受赵王陛下的宠信，燕王自然愿意与之结交。如今缪贤戴罪出逃，燕王惧怕赵王，又怎么会收留他呢？在蔺相如看来，燕王不仅不会帮缪贤，也许还会将其押送回赵国。与其这样，他建议缪贤还不如主动向赵王请罪，或许还能得到宽恕。缪贤依蔺相如所言，果然得到了赵王的赦免。根据这件事，缪贤便认定蔺相如是个有勇有谋之人，定可以替赵国化解危机。

赵惠文王听了缪贤的话，便下令召蔺相如前来，问他道："秦王以十五城请易寡人之璧，可予不？"蔺相如回答道："秦强而赵弱，不可不许。"意思是就眼前形势看，秦强赵弱，所以不得不答应秦国的要求。赵惠文王又问："取吾璧，不予我城，奈何？"言下之意是害怕秦国得了和氏璧却不给赵国城池。蔺相如不紧不慢地说出了自己的想法：倘若不答应秦王的要求，理亏的是赵国，但如果秦国不兑现其承诺，理亏的就是秦国。相比较来看，宁可答应秦国也不可失了礼数。

赵惠文王想了想，也觉得蔺相如说得有理，便问他何人可以出使秦国。蔺相如知能担此重任的除他之外并无二人，于是便自告奋勇，说自己愿意带着和氏璧出使秦国。并且立下了军令状，说如果秦王依他所言，给了赵国十五座城池，他就把玉璧留在秦国，倘若秦昭襄王不遵守诺言，他一定将玉璧完整地带回赵国。赵惠文王见蔺相如如此坚决，便准了他的请求。

蔺相如带着和氏璧来到了秦国，秦昭襄王喜不自持，马上在章台宫接见了他。蔺相如双手将和氏璧献上，秦王遂将这件绝世珍宝传给后宫嫔妃和左右随从看，其喜悦之情溢于言表，殿堂之上"万岁"之声更是不绝于耳。秦昭襄王只顾欣赏玉璧，丝毫不提换城一事。蔺相如见状知道秦昭襄王并没有想把十五座城池划归给赵国的意思，就谎称和氏璧上有个小瑕疵，想要指给秦昭襄王看。

秦王听他这么说，也十分好奇，就命人把和氏璧交还给蔺相如，让他指一指缺陷在什么地方。哪知蔺相如拿到和氏璧之后，迅速向后退了几步，靠在柱子边，怒气冲冲地说秦王想得到和氏璧，便写信给赵王，说愿意用十五座城池交换。赵王将大臣们召集起来商议，大家都说秦王一向贪婪，是想用城池骗取和氏璧，没有人赞同将和氏璧送往秦国，是自己力排众议，称平民百姓之间的交往都讲求诚信，何况国与国之间呢？如果因为小小的一块玉惹怒了秦国，这是十分不应该的。

蔺相如见秦昭襄王无言以对，又继续他的正色之言。他说赵王是听从了他的意见，斋戒了五天，才派他将这稀世珍宝送到秦国，且还拜送了国书，亲自在朝堂上行了大礼，这就是对秦国的尊重。可他作为赵国的使者，来到秦国后，秦王却在章台宫如此普通的宫殿接见，这是礼节上的怠慢。且秦王在得到和氏璧后，竟随意将它交予宫人们看，这不仅侮辱了使者，更是侮辱了赵国。蔺相如更是直截了当地指出秦昭襄王无意将十五座城池划归给赵国，所以他才借机将和氏璧拿了回来。如果秦昭襄王一定要强迫他交出和氏璧，那他就与和氏璧一起撞碎在这柱子上！

话说完后，蔺相如就握着和氏璧要往柱子上撞去。秦昭襄王见状，唯恐和氏璧有什么闪失，便命人阻止了他，并婉转地表达了歉意。接着他又命手下的官员将秦国的地图拿出来，指出要划归给赵国的十五座城池。

蔺相如已经认定秦昭襄王是个不守诺言的奸诈小人，这么做只是瞒骗一时，过后根本不可能兑现。为了保住和氏璧，蔺相如心生一计，对秦昭襄王说这和氏璧乃是众所周知的稀世珍宝，赵王是出于对秦王的敬畏，所以不敢不将其献出来。在他离开赵国的时候，赵王为和氏璧斋戒五天，如今秦王您也应该斋戒五天，并在朝堂上设下接待"九宾"的礼节。唯有如此，他才肯将和氏璧献出来。

秦昭襄王知道强取不成，就答应了蔺相如的请求，不仅斋戒五天，还奉蔺相如为上宾。五天过后，秦昭襄王的斋戒之礼已成。他马上下令在朝堂上设"九宾"之礼，款待赵国使者蔺相如，想让他交出和氏璧。但蔺相如还是不能相信秦昭襄王，为保万无一失，早就把和氏璧交给了自己的随从，让他乔装打扮，从小路回到赵国。

此时蔺相如来到大殿之上，正色说道，自穆公开始，秦国的二十多个国君，没有一个是坚守信用的。蔺相如怕受秦王的蒙骗对不起赵王和赵国百姓，所以已经遣人将和氏璧送回赵国。秦强赵弱，秦王派一位使者前往赵国，赵王也不敢不将玉璧献上。以秦国之强大，不如将之前所言的十五座城池划归赵国，赵王自然不会留着和氏璧来得罪于秦。蔺相如说完之后，便以欺君之罪请求受汤镬之刑。

秦昭襄王万万没有想到事情会发展成这样子，大臣们也是面面相觑，不知如何是好。有人认为秦王受到了侮辱，要杀了蔺相如泄愤。秦昭襄王也非泛泛之辈，所以并没有在一气之下杀了蔺相如。在他看来，倘若杀了蔺相如，也得不到和氏璧，秦、赵两国的关系也会断送。他命手下之人放蔺相如回赵国去，谅赵国也不敢欺骗秦国。蔺相如就这样平安地回到了赵国。

蔺相如出使秦国，既保住了和氏璧，也没有引发两国的战争，更为赵国争得了颜面。赵惠文王大喜过望，即刻就封蔺相如为上大夫，对他十分器重。至于秦国，也没有将十五座城池划归赵国，玉璧换城一事也就不了了之了。

渑池之盟

在"和氏璧"一事中,秦昭襄王没捞到半点好处,自然心有不甘。蔺相如完璧归赵虽然没有直接引发两国的战事,却为之后的秦赵之争埋下了隐患。

蔺相如回国后不久,秦昭襄王就发兵讨伐赵国,并以迅雷不及掩耳之势攻克了石城。第二年,秦国又来攻,杀赵人两万余。就在赵国陷入混乱之际,秦国却派来使者要与赵国和解,并通知赵惠文王到西河外的渑池商谈具体事宜。秦国的举动让赵国君臣如陷云雾之中,一时间摸不到头脑。眼看秦国声势如虹,却为何不一鼓作气攻克赵国,反而要求和解呢?

对于秦昭襄王"和解"下的真实用意,后世有许多推理和猜测。有一种观点认为秦国虽实力强过赵国,且在这次战争中也一直处于上风,但依旧没有实力消灭赵国。如果一味强攻,后果也只能是两败俱伤,得不偿失。从当时的社会背景来看,在昭襄王二十三年(前284),齐秦抗衡的时代已经过去。秦国虽位居七国之首,但赵国却在赵武灵王的治理下成为北方新兴的大国。虽说赵国其后不如武灵王在位时实力强劲，但瘦死的骆驼比马大，实力依旧不容小觑。由此看来，这种说法也有一定的道理。

就当时各国的情况和它们之间的关系来看，促使"渑池会"最终成行的最根本原因还是秦、赵两国的利益。秦昭襄王二十四年（前283），秦国出兵攻取了魏国的安城，随后兵至大梁，大有灭魏之势。燕、赵两国闻讯出兵来救，秦国怕这几个国家联合起来对抗自己，于是收兵回国。为了孤立赵国，秦国先后和楚国、魏国交好。其后赵国伐楚，秦王便派大将白起攻赵，占领了赵国不少城池。在其后的四年时间里，秦国和赵国一直处于对抗的状态中，虽然秦国优势明显，但碍于赵国的实力，这种状态也一直没有被打破。

就在秦国苦恼于如何打破僵局之时，赵国的后院却起了火。秦昭襄王二十八年（前279），齐国大将田单率军攻打燕军，夺回了本属于齐国的七十座城池。燕、赵本就是盟友，燕国受到齐国威胁，赵国如何不受牵连？就在此时，被秦国压迫多年的楚国也开始起兵反抗，且势头还不小。此时的秦国和赵国都无心也无力再相争下去，于是便有了渑池和解之约。

渑池会发生在秦昭襄王二十八年（前279），司马迁在《史记·廉颇蔺相如列传》中对其的描述也仅有401字。司马迁交代渑池会的背景是"明年，复攻赵，杀二万人"。秦国此时虽为楚国所扰，不能再与赵国胶着下去，但在这样的背景下提出和解的建议，很明显取得了会议的绝对主动权，也是对秦国在之前战争中所获得的利益的一种巩固。渑池之会看似是秦胜赵败的"城下之盟"，但其中另含深意,这一点在上文中也有所述及。

秦国提出和解,那赵王是去还是不去呢?赵惠文王和之前收到秦昭襄王送来的索要和氏璧的书信时的表现一样,十分惊恐。众所周知,秦国以狡诈著称,之前的例子也不在少数。例如公元前313年,秦国的张仪用六百里地使楚国与齐国断交,最后楚怀王只得六里地。其后的秦昭襄王九年(前298),楚怀王应秦国的邀约在武关与之会盟,却被秦兵扣押,最后死在了秦国。在这样血淋淋的例子下,赵惠文王根本不敢去赴约。

赵国大将廉颇和上大夫蔺相如合计了一下,觉得如果不去赴约,不就显得赵国太过软弱了吗?这对赵国来说是十分不利的。赵惠文王碍于脸面,也深知此次会议的重要性,于是就命蔺相如和他一同前往。

廉颇是赵国的老臣,历经政事多年,眼光和手段都十分老到。他知道赵惠文王此行吉凶难测,于是就请求如赵王三十日不回国,就立太子为王,以免秦国拿赵王要挟,赵惠文王同意了他的请求。

秦昭襄王二十八年(前279),秦、赵两国的君主相会于渑池,共同商讨和解的事宜。据《史记·年表·赵表》记载:惠文王二十年,"与秦会黾池,蔺相如从",后《集解》引作"渑池"。"渑池"是地名,今属河南境内,其故址在今河南省渑池县西。战国时期,渑池为"渑池邑",早先属于郑国,后归属韩国,最后为秦国所得。渑池是秦赵两国的交界之地,这次会盟虽然没有直接的兵刃交接,却是处处暗含杀机。

秦昭襄王仗着自己势力强大,根本不把赵惠文王放在眼里,经常借机戏弄他。一次,秦昭襄王借着酒意,提起他曾听说赵王雅好音律，尤善弹瑟，于是便请赵惠文王弹奏一曲以助酒。赵惠文王本就害怕，在此情景下也不得不从。但一国之君在酒席之上弹瑟，这成何体统？秦国的御史还马上上前记载道："某年某月某日，秦王与赵王会盟饮酒，命令赵王弹瑟。"赵惠文王的面子马上就挂不住了。

这个细节十分微妙。"御史"一职在战国时期是专门掌管书籍，为君王记载国家大事的官员，也就是后来所说的"史官"。这个史官根本没有接到秦昭襄王的传唤，就主动上前将如此芝麻小事郑重其事地载入史册，可见这本就是一个阴谋。秦昭襄王或许早就交代了史官，也有可能是这个官员看到自己的主子有意侮辱赵惠文王，于是便借势给赵国一个难堪。且《史记》原文记载，秦王是"令"赵王鼓瑟，这一个字就将秦、赵两国的地位区分开来，心思何其毒辣。

蔺相如见赵惠文王被如此欺负，便以其人之道还治其人之身，要秦昭襄王为赵惠文王击缶。秦昭襄王自然不肯，蔺相如就威胁说，如果秦昭襄王不肯击缶，他的血就将在五步之内溅到昭王的身上。秦昭襄王左右见状，欲杀蔺相如，但都被蔺相如视死如归的眼神吓退。秦昭襄王无奈，只得为赵惠文王击了一下缶。蔺相如也命赵国史官记道："某年某月某日，秦王为赵王击缶。"

客观来说，赵惠文王肯为秦昭襄王弹瑟，惧怕的是秦王的淫威，也显示了自己性格方面的软弱；而秦昭襄王为赵惠文王击缶，不是害怕赵惠文王，也不是害怕赵国，怕的是蔺相如真的不要命撞死在自己面前，到时候场面就不好收拾了，毕竟在"和氏璧"一事中他就已经领教到蔺相如的厉害了。这种惧怕，一个来自内在，一个来自外在，细细较之，也颇有意味。

秦国"偷鸡不成蚀把米"，自然心有不甘。大臣们就借祝酒之机说道："请以赵十五城为秦王寿。"蔺相如也不肯示弱，反击道："请以秦之咸阳为赵王寿。"从始至终，秦昭襄王都没有占到赵国一点便宜，此时廉颇也率重兵于边境，以防秦国有借机入侵之举。秦国虽占尽天时地利，却无奈赵国君臣上下一心，自然不敢轻举妄动。和解之后，秦国君臣只得悻悻然地回到了秦国。

明人有言："相如渑池之会，如请秦王击瓦，如召赵御史记，如请咸阳为寿，一一与之相匹，无纤毫挫于秦，一时勇敢之气，真足以虎秦人之魄者。"显然"渑池会"一事后，蔺相如的伟大形象更显丰满。

秦昭襄王走了，赵惠文王终于松了一口气。回国之后，赵惠文王马上封蔺相如为上卿，地位一下子跃居廉颇之上。不少人为廉颇叫屈，说如果不是廉颇在边境"盛兵以待"，秦昭襄王又怎么会怕区区一个以死相拼的蔺相如？其实这次会盟的成功，廉颇和蔺相如只是起了一个助力作用，其真正的原因还是秦国有想要一统天下的野心和企图。

这一阶段的秦赵之争虽然以"渑池会"和平解决，但在齐、楚两国败退之后，秦赵两国就没有了后顾之忧，之前一直勉强维持的"友好关系"也濒临破裂。昭襄王三十四年（前273），赵国联合魏国攻打秦国，战之于华阳，新一轮的争霸又拉开了帷幕。

楚国首都陷落记

渑池一会，秦昭襄王显然是为了稳住赵国，好腾出手来解决楚国带来的麻烦。蔺相如虽因此事跃居老将廉颇之上，惹来了一干人的嫉恨，但廉颇毕竟是风度翩翩的大将，知道自己的错误后主动上门"负荆请罪"，将相一和，赵国的局势也慢慢稳定了下来。

花开两朵，各表一枝。暂时放下赵国不谈，来看看引发"渑池会"的另一位主人公——楚国。秦、楚两国的关系一直都较为复杂，可谓是亦敌亦友。春秋时期，楚国可以说是南方的强国，尤其是在秦昭襄王元年（前306）吞并了越国之后，中国南方的领土几乎都收归楚国名下。这时的楚国不仅土地辽阔，人口也急剧攀升，军事实力也日益强大。

吴起在楚国变法之后，楚国的势力日益强大，诸侯"患楚之强"，希望奉其为合纵首领。楚怀王十一年（前318），在楚国的带领下，五国合纵攻秦。但因为诸国间的利益纠葛，楚国与秦国的战争多以楚败而终。

楚怀王时期，秦相张仪奉命入楚。张仪巧舌如簧，用"六百里之地"骗怀王与齐国断交，引发了秦楚大战。在这次战争中，秦国大胜，齐楚联盟丢城失地，各国的格局出现了新的面貌。秦楚就一直这样战战合合，直到昭襄王二十七年（前280）前后，秦国将战略进攻重点转移到了楚国，在两年时间里，先后攻下了上庸、鄢、邓等地。

昭襄王二十八年（前279），秦国派大将白起率秦军从汉中出发，沿汉水来到了楚国的咽喉重地——邓城。此时楚国新主刚立，政局不稳，再加之忠臣被逐，令尹子兰乱政，正是一举攻克它的好时机。身为战国四大名将之一，白起此次可以说是下了必胜的决心。秦军此次出兵选择了沿汉水行军，是因为汉水两地富庶，秦军可以随时补充粮草。不仅如此，每经过一条河，白起就下令拆桥、烧船，丝毫不留后路。秦军将士见主帅态度如此坚决，也不觉提高了士气，浩浩荡荡向楚国开来。

此时的楚国根本无力对抗秦国，白起的部队势如破竹，很快就攻下了邓城。邓城一役之后，秦军又瞄准了下一个目标，楚国的别都——鄢城。楚国的腹地在汉水两岸，也就是今天的湖北省，北边的武当山和大别山是楚国的天然屏障，邓城和鄢城就位于此。此时邓城已失，如果鄢城再不保，郢都就将面临直接的威胁。

楚军如临大敌，自然不敢怠慢。为了护卫都城，楚军精锐部队几乎都集结于此。白起命手下运来沙土，先把护城河截断，然后越过壕沟，攻打鄢城。楚国虽然实力大不如前，但鄢城毕竟是易守难攻。秦军强攻了许久，丝毫没有奏效。白起见强攻不成，就下令登城。鄢城处于山谷之间，木材十分充裕。秦军将士得令后，马上去树林中砍了许多木材，制作出了简易的梯子。这种梯子专用于攻克城楼，特点是"依云而立"，在上可以鸟瞰城中，所以被称为云梯。

楚军见秦军攻下不成，转而攻上，连忙转变了策略，调来大批的弓弩手射击城墙上的秦军。不仅如此，楚军将士还用撞木猛撞秦军的云梯，秦人纷纷落下城头，死伤无数。秦军虽然出师不利，但白起并没有乱了阵脚，他拿来地形图仔细观察，希望能够找到新的突破口。

白起发现，鄢城乃借峡谷之势而建，汉水的支流夷水途经鄢城所在的山谷，缓缓向西南方向流淌而去。白起大喜过望，决定水攻鄢城。他借着地势，修建了一条长达百里的长渠，把夷水引到了鄢城。水引来之后，白起又下令关闸蓄水，等到水量达到一定的高度后，便猛然开闸，洪水就咆哮地向鄢城涌去。

曹植《相论》这样评价白起："白起为人，头小而锐，瞳子白黑分明，顾可与持久，难与争锋。"他引夷水攻城，虽是妙计，但全然不顾城中百姓的死活，其号"人屠"由此可见一斑。鄢城一役，楚国军民死伤人数竟达十万之数。所谓"百姓随水流，死于城东者数十万，城东皆臭"，其景象可以说是惨绝人寰，而白起也因此受封为列侯。

水退之后，白起率大军进入了鄢城，稍做停留之后就火速开往两百公里外的郢都。鄢城一役的惨败，使得楚人对秦军闻风丧胆，丝毫不敢抵抗，白起在前往郢都的过程中自然没有受到丝毫阻力。一路上，秦军"掠于郊野，以足军食"，连粮草之资都没有花费。

西渡漳水和睢水之后，秦军马上就拿下了西陵，郢都与西面的联系就此切断，几乎成了一座孤城。白起顺势挥军东下，来到了夷陵。在夷陵，白起放了一把火，把楚王的宗庙烧了个干干净净。眼看郢都就要不保，楚顷襄王带了亲眷连忙向东逃去，并把都城迁到了陈，也就是今天的河南淮阳。

至此，楚国都城陷落，国君出逃，天下为之震撼。秦国削弱楚国的目的也就此达到，竟陵西北的广阔土地都划入了秦国的版图，昔日的郢都也成了秦国治下的一个小郡。此次伐楚，大将白起居首功，秦昭襄王自然恩赏不尽，加封他为"武安君"。

说到郢都的陷落，不得不提起一个人，那就是楚国的爱国诗人屈原。此时的屈原正在第二次放逐途中。"皇天之不纯命兮，何百姓之震愆？民离散而相失兮，方仲春而东迁"，屈原在得知都城陷落的消息之后，悲愤地写下了这首饱含血泪的《哀郢》，悼念他那逝去的祖国。自从屈原第一次被放逐，他就知道楚国必定会葬送在奸臣和昏君之手。虽然他早已预料到此事，但得知真相后他还是掩饰不住内心的震惊与悲痛。他秉着对祖国和君王的一片忠心，不愿在国破之后苟活于世，毅然决然地投了汨罗江。

诗人的身影虽然渐渐远去，但他那份爱国的热忱却历经千年而不散。从屈原的经历和结局我们也可以窥探出楚国败落的根本原因，那就是国内政治的黑暗，这也是秦昭襄王下定决心攻打楚国的最大依据。楚国的政权一直都把持在屈、景、昭几个大姓贵族的手中，平民百姓根本无法跻身于统治者的行列。贵族大臣们居功自傲，如何有心思帮助君主好好地治理国家？

到了楚顷襄王时期，国君大肆封君，就连男宠们也都获得了封号。顷襄王更是每日骄奢淫逸，为了享乐无所不用其极，根本无心理政。仅有的几个忠臣，例如庄辛、屈原，也都被顷襄王驱逐。

秦昭襄王占了郢都后还不甘心，想乘胜追击，联合韩、魏两国继续进攻楚国。楚国的春申君害怕秦国"举兵而灭楚"，整日茶饭不思，如坐针毡之上。春申君思来想去，觉得只有一个办法能够拯救楚国，那就是离间秦、韩、魏三国之间的关系，让秦国无心攻楚。

春申君给秦昭襄王写了一封信，先是追溯了秦国和韩、魏两国的渊源，说秦国和这两国本来就有宿怨，不像秦国和楚国有姻亲的情分。秦国不去攻打韩国和魏国，以解心腹之患，反而来攻打楚国，这是十分不明智的。接下来，春申君又劝告秦昭襄王，说物极必反，已经攻占了楚国的都城，就不要把楚国再逼上绝境。以上这些话对秦昭襄王来说是不痛不痒，但春申君接下来的话就点到了秦昭襄王的痛处，让他不得不考虑与楚国修好的建议。

秦国最大的目标就是一统天下，春申君却提醒秦昭襄王，一旦楚国覆灭，得到好处的是韩、魏两国，齐国也可以坐收渔翁之利，到时候秦国想要一统天下就愈加困难了。春申君建议，秦国不如和楚国修好，一起攻打韩国，拿下了韩国，魏国也就不在话下，这样雄图霸业就指日可待了。秦昭襄王是个以利益为重的人，他思虑再三，也觉得春申君的话很有道理，便遣使入楚，与楚国修好。楚国虽然在春申君的挽救下逃过一劫，但其根本受到了动摇，势力更加衰微，终不复旧日风采。

阏与之战是场喜剧

楚国迁都之后，秦国为了统一大计，又把战火烧到了大梁。秦国三次围攻大梁，为的就是灭亡魏国，使秦国东西的城邑连成一线，断绝楚、韩、赵、燕的关系，以便日后各个击破。

秦昭襄王三十七年（前270），秦国出兵攻打赵国的阏与。阏与之战发生在渑池之会后第九年，在此之前，秦国为了稳住赵国，主动将安国君之子异人送到赵国去做人质，但这也不能化解秦赵之间多年的矛盾。从秦国的角度来说，攻打赵国是有其正当理由的。当初秦国先后占领了赵国的祁、蔺、离石三地，这三个城池对赵国来说十分重要，于是赵惠文王就和秦昭襄王商量，能否用另外三个城池将祁、蔺、离石三地换回来。为表诚意，赵惠文王甚至主动将公子郚送到秦国做人质。

秦昭襄王见赵国如此坦诚，君臣合计了一番，就同意了赵惠文王的建议，把这三座城池还给了赵国。没想到赵国这次却不讲诚信，迟迟不肯交出作为交换的三座城池。秦昭襄王大怒，便以赵国毁约为由发兵赵国。

阏与位于太行山山脊,地势十分险要。阏与的西面是韩国的上党,东经武安就到达赵国的都城邯郸,对两国的意义都十分重大。秦国进攻阏与之举意义重大,是其拿下楚国之后,寻求东进的重要一步。秦国本想借攻打阏与之机给赵国一个下马威,没料到赵国人才济济,自己反受其害。

秦国进攻阏与的终极目标是攻克邯郸,灭了赵国。秦军虽然越过了韩国,却让韩国感到了巨大的威胁。唇亡齿寒,阏与一旦被攻克,上党也是朝不保夕。

韩国眼见秦国来袭,却丝毫没有招架之力,只得求助于邻国赵国。两国的利益此时紧密联系到了一起,赵国自然不敢怠慢。接到韩国的求援信后,赵惠文王马上召集群臣商议。

当时在场的有廉颇、乐乘、赵奢等人,赵惠文王信任廉颇,于是首先问他:"可救否?"廉颇想了一下,回答道:"道远险狭,难救。"赵惠文王不甘心,又问站在一旁的乐乘,得到的回答也是一样。廉颇和乐乘久经沙场,都是赵国的名将,他们如此说,阏与一战可以说是回天无力。就在赵惠文王放弃希望、准备听天由命的时候,一个人站了出来,他就是赵奢。

此时的赵奢还只是一个名不见经传的小人物,而他之所以能够成长为一代名将,就是因为他敢在大将廉颇和乐乘共同给阏与下了"死亡判决书"之时,提出了"狭路相逢勇者胜"的高深见解。

据《战国策》记载,赵奢在赵武灵王推行"胡服骑射"之时,应该已经是一个骑兵。后来赵武灵王饿死在沙丘宫,他身边的许多大臣也因此获罪,赵奢也在其列,被流放到了燕国。从燕国回来后，赵奢成为一个负责税收的小官。税官虽然是个小差事，但赵奢从不马虎，其认真的态度在很多事情上都能体现出来。

大家都知道赵国有个赫赫有名的平原君，是战国四公子之一。平原君虽然贤明，但却仰仗权势，拖欠国家税收。这件事虽然是众所周知，但却无人敢管。收税是赵奢职责所在，再加上他曾经上过战场，所以一怒之下，就将平原君的九个亲信全部杀了。平原君知道这件事后自然怒不可遏，马上就要杀了赵奢为自己的亲信报仇。没想到赵奢不但不怕，反而说平原君地位尊贵却知法犯法，要被天下人耻笑。平原君被人抓到了把柄，为了自己的声誉自然不敢多言。

赵奢的行为虽然有些鲁莽，却让平原君看到了他不畏权贵，尽忠职守的一面。平原君不仅没有再计较这件事，反而将他推荐给赵惠文王。就这样，赵奢从一个小小的税官升为赵国的税收总管。升官后的赵奢没有懈怠，赋税之事在他的管理之下变得井井有条，再加上他在攻打齐国的战争中表现出色，替赵惠文王夺下了商河之地，此后愈发得到国君的器重。

正因如此，此次赵国君臣商量救阏与如此重大的事情时，也有赵奢的一席之地。虽然廉颇和乐乘都说阏与难救，但赵奢说："其道远险狭，譬之犹两鼠斗于穴中，将勇者胜。"

有人说赵奢这么做完全是为了"骗取"兵权，好完成自己建功立业的夙愿，其实他自己心中对这一战也并无把握，且他领兵之后并没有按他之前所说的"勇者胜"去与秦军硬拼，而是消极怠战近一个月，采取的是拖延时间，消耗对方体力的战术。其实这种说法失之偏颇，赵奢所谓"勇者胜"，并不一定是指要去硬拼。在知道实力差距后还去拿鸡蛋碰石头，纵然是"勇"也是"愚勇"，而赵奢在分析了局势之后，采取了相应的战略措施，最后击败了实力强大的秦军，这是一种"智勇"，更是"狭路相逢勇者胜"的真意。

从根本上来说，赵惠文王是十分想救阏与的，不然他也不会再三询问，赵奢也是获悉了君主的心意才请兵出战。而赵惠文王最终相信了赵奢，赐予他虎符，让他带着赵国的大军前去迎击秦军。无论过程如何，阏与之战最后的结果向世人证明了一个事实，赵奢并非贪图功名的小人，他确实是一个不可多得的军事人才。

赵奢领兵之后出了邯郸，但却没有一路赶到阏与，与秦军厮杀，而是在离邯郸三十余里的地方驻扎了下来，且一住就将近一月。赵国将士求战心切，恨不得立刻飞到阏与跟秦军杀个你死我活，而将军却在此前不着村后不着店的地方扎营，这是何意？赵国大军这面一头雾水，而秦军却捡了个便宜，马上将武安包围了起来，大有攻城之势。武安离邯郸不远，一旦失守，不要说救阏与了，连国都都要保不住了。

武安被围的消息传来，赵军哗然色变，但赵奢依旧按兵不动。赵军内有个军官建议赵奢发兵救武安，赵奢不但不听，还将其处死，并下发了一道指令：如再有以军事进谏者，格杀勿论！

不但赵国将士摸不着头脑，秦军方面也是如陷云雾。秦帅胡阳派出探子到赵军中刺探军情，赵奢发现之后不仅没有杀了这个间谍，反而好酒好菜款待他，然后将他送回秦军大营。这回胡阳乐了，赵帅如此胆怯，而秦军如此强大，如今又围了武安，可以说是可攻可守，战争的胜利肯定属于秦军。

其实赵奢有自己的打算。阏与地处太行山，地势险要，倘若在山地与秦军决战，几乎毫无胜算，但如果能将秦军骗到平原之上，赵国就可以发挥骑兵的优势，此战才有可能获胜。而武安虽然离邯郸很近，只有八十余里，但距离赵奢的大营仅二十里。胡阳认定赵奢不敢来攻，于是就把部队全部撤下山，驻扎在武安附近的平原地区。如此一来，秦军就失去了原有的地势优势。

赵奢为什么对秦军下山如此有把握？那时因为他知道秦国一向贪婪狡猾，又很自大，绝对不会满足于阏与这个小地方，秦国的目标是赵国广大而富饶的平原之地。知己知彼，方能百战百胜，一切都在赵奢的掌握之中。就在秦军沾沾自喜，准备找个机会灭了赵奢的时候，赵军却在一夜之间转移到了阏与，把秦军困在了武安平原之上。

战争的局势陡然发生了转变，优势全部转移到了赵军旗下。且经过数十日的奔波，又围了武安，又来回撤军，秦军士兵已经是疲惫不堪，而赵军却是养精蓄锐，气势勃发。

"秦兵后至，争山不得上，赵奢纵兵击之，大破秦军。秦军解而走，遂解阏与之围而归。"等到秦军回过神来，已经为时已晚。纵使是困兽犹斗，秦军还是惨败而还。阏与一役，赵奢扭转局势，使赵军大获全胜。赵惠文王大喜过望，封赵奢为马服君。

之所以说阏与之战是场喜剧，那是相对诸国来说的。秦国不可一世，将谁放在过眼中？如今却着实被赵奢摆了一道，如同猴子般被戏耍，实在可笑。秦国这次的惨败虽然跟宰相魏冉"远攻"的方针政策有着密切的联系，却成为秦国另一个大人物登上政治舞台的开端，这个人就是范雎。这么说来，阏与战败，对秦国来说是个悲剧，但对范雎来说，或许可以称为一个喜剧。

忍辱负重的范雎

阏与战败的消息传回秦国，秦昭襄王陷入了痛苦的深渊。而在此时，有一个人却在简陋的馆舍之中写着准备上呈给他的奏疏，这就是后来大名鼎鼎的范雎。

此时的范雎不叫"范雎"，而叫"张禄"。他本是魏国人，但他为什么改名换姓躲在秦国？这就要从他之前的经历说起。范雎自幼家贫。但他自恃有才，所以想要游说魏王，一展胸中抱负，但无奈社会地位低下，根本找不着门路。所以范雎只得投奔了中大夫须贾，希望有朝一日能成为天子近臣。

须贾对范雎还算看重，有一次他奉命出使齐国，便带了范雎和他一起去。他们在齐国一待就是几个月，事情却毫无进展。齐国的君主齐襄王听说范雎能言善辩，是个人才，就赐给他佳肴美酒和十两黄金。须贾知道了这件事后，以为范雎做了叛徒，把魏国的机密之事告诉了齐王，所以大怒。他命范雎收下酒肉，退回黄金。

范雎虽然冤枉，但无奈身份卑微，只得依须贾所言。但纵使如此，须贾还是对范雎产生了厌恶之情。须贾如此生气不在酒肉黄金，而是在齐国丢了颜面。他一个中大夫都没有得到齐王的赏识，而范雎一个卑贱之人，却如此得齐王看重。须贾再也容不下范雎，一回国就将这件事告诉了魏国国相魏齐，说范雎叛国，不然齐王为何无故赏他东西？

魏齐听信了须贾的话，决定给范雎一个教训。他命手下的人将范雎狠狠地揍了一顿，几乎将他打死。范雎为了保住自己的性命，趴在地上装死。魏齐见他一动不动，就命人将他用草席卷起来，丢到茅厕里。相国府的门客故意羞辱范雎，不仅没人替范雎求情，竟然还在他身上撒尿。被打得遍体鳞伤的范雎只得苦苦哀求看守他的人将他放了。这个人实在于心不忍，就禀报魏齐说，范雎已经死了，要把尸体拖出去丢掉。

此时魏齐正在喝酒，已经大醉，于是一挥手准了守门之人的请求，范雎就这样逃出了宰相府。第二天魏齐酒醒，觉得有些不对劲，就派人去找范雎的尸体。下人回来禀报，并没有看见尸体，魏齐大怒，下令一定要将范雎抓回来。范雎东躲西藏，后来遇到了一个叫郑安平的人。郑安平听说了他的遭遇，十分同情他，便将他藏了起来。范雎为了逃避杀身之祸，就改名张禄，开始了自己的流亡生活。

秦昭襄王派王稽出使魏国，实际是为了网罗人为自己效力。郑安平见这是个机会，就装扮成差役，前去伺候王稽。一日，王稽问郑安平可认识什么有才华的人，愿意随他回秦国效力，郑安平就推荐了他的同乡张禄，也就是范雎。王稽让他带来一见，郑安平说他有仇人追杀，只有晚上才能出门。等到夜深人静之时，范雎就来见了王稽。经过一番交谈,王稽肯定了他的才能,便决定带他回秦国。

王稽和范雎一起乘车回秦国,经过湖邑的时候,见有一辆装饰华丽的马车迎面驶来。王稽告诉范雎,来者是秦国宰相魏冉,范雎听说魏冉在秦国擅权,且十分讨厌各国而来的人,为免受其侮辱,决定躲在车中不相见。果不其然,两车相遇之后,魏冉问了问魏国的情况,还特意询问王稽有没有带他国的客人一起归来,说这些说客根本无用,只会扰乱秦国的政事,王稽自然不敢违逆宰相,就说没有。

魏冉走后,范雎还是不放心,怕他回来搜查,于是就下了马车,躲了起来。不出范雎所料,魏冉果然派人回来搜,但没有发现任何蛛丝马迹,也就只有罢了。

虽然历经了坎坷,范雎还是平安到达了秦国。其后王稽去向秦昭襄王汇报东边各国的情况,借机把范雎推荐给了他。王稽说魏国有个叫张禄的人,十分有才华,他说大王您的政权危如累卵,所以将其带来,希望能帮助大王巩固政权。秦昭襄王不信有此神人,就没有接见范雎。出师不利,范雎也只有待在秦国继续等待时机。

其时秦国的大权被宰相魏冉所掌控,秦昭襄王虽然已经在位将近四十年,但一直受到"四贵"的权力打压,根本不能施展自己的才华和抱负。魏冉掌权下的秦国施行的是"远攻"的方针政策,实际却是魏相国的"损公肥私"之计。我们不能否认魏冉早期对秦国的发展起到了重要的作用,但晚年的他想得更多的是自己的势力和荣华。

魏冉是秦昭襄王之母宣太后的亲弟弟,其封号是"穰侯"。魏家家大业大，不仅在秦国拥有大量封地，还将夺取而来的定陶之地收归己有，所拥有的财富甚至超过了国君。为了能够在定陶安享晚年，魏冉在没有告知昭襄王的情况下，擅自发兵远征齐国，其真实意图是夺取刚、寿等地，扩大定陶的势力范围。

阏与战败之后，秦国成为众国耻笑的对象。秦昭襄王被压抑了多年的怒火终于爆发了出来，他想要凭借自己的力量再振秦国雄风，但又苦于没有辅助自己的贤才。就在此时，他想起了王稽给他推荐的那个说过"危如累卵"的张禄。就现在的情况来看，张禄一年前所说的话确实不假，如此看来，这人肯定拥有非凡的才华。

整日政务缠身的秦昭襄王怎么会突然想起范雎这个小人物呢？这实际靠的是范雎自己的努力，也就是前面提到的那封奏疏。所以说机会求是求不来的，只有靠自己的争取。在秦昭襄王苦恼之时，范雎的奏疏适时地呈了上去，这对秦昭襄王来说可谓是一根救命稻草。

这封奏疏大意如下："我听说贤明的君主治理国家，都是赏罚分明的。有功之人，就会赏赐他们财物，有能力的人就会许以他们官职，至于那些功勋能力超过他人的人，赏赐和官职自然也要高过他人。在秦国，无能之人不能做官，但有才之人也不会被埋没。

"我听说周有砥厄，宋有结绿，梁有悬黎，楚有和璞，这四件都不为玉工所识，但都是天下至宝，难道曾被大王所遗弃的人就不能于国有益吗？我还听说善厚家者取之于国，善厚国者取之于诸侯，天下有明主则诸侯不得善后，这是天下兴衰的道理。

"名医看病可断人生死，贤君治国可知过失成败。于国有利的建议就要采纳，有害的就要加以剔除。至于那些有所怀疑的，不妨放手一试，这个道理就算尧舜复活也不会改变。

"如今我已经在馆舍之中等待大王一年，希望能祈求您片刻的时间，我愿将我毕生所学都告诉您。大王您如果认为我是个有才之人，就一定要接见我；倘若认为我是无用之人，我留在这里还有什么意义呢？况且我所要对您说的话，至关机密，不能写于书信之上。如果我说的话没有道理，我愿意就地受死。"

范雎的奏章言辞恳切，感人肺腑，秦昭襄王读过之后马上命令左右，速速接他进宫详谈。

远交近攻之策英明

求贤若渴的君王遇上怀才不遇的臣下，自然有一番深谈，而秦国的历史也因为这次谈话而出现巨大的转变。

范雎奉旨去离宫拜见秦昭襄王。多年的忍辱负重，才换来这一日的君臣相见，这个机会对范雎来说是弥足珍贵，所以他自当会好好把握。为了给秦昭襄王留下深刻的印象，这次的会见有些与众不同，绝对可以称得上是一部自导自演的好戏，而导演和演员自然是故事的主人公——范雎。

随着宫中的侍者来到宫门后，范雎佯装不认识宫门，冒冒失失就要闯进去。这时秦昭襄王的车辇刚好经过宫门，宫人怕范雎惊了圣驾，就对他说大王来了，让他马上回避。范雎见机会来了，大声说道："我只知秦国有太后和穰侯，何来大王？"

秦昭襄王得知是范雎来了，不但没有生气，反而向他道歉，说自己早该向他请教，只是因为其他的事情耽搁了，所以才拖到现在。他还说自己的能力不够，所以要以宾主之礼相交，希望范雎能够指教于他，最后还邀请范雎共乘车辇，给足了他面子。

接下来的谈话也经过了范雎的精心设计，也是为了得到秦昭襄王的重视。进入宫室之后，昭襄王特意屏退了左右，起身恭敬地求范雎指教，但连问三次，范雎都含含糊糊，不肯相告。事不过三，昭襄王也觉得不对劲，就反问道："难道先生就不肯见教于寡人吗？"

事情已经到了这个分上，范雎也知道再这样下去就会惹怒昭襄王。戏已经做足，效果也已经达到，一个君王再有耐性也不能容忍臣下这样的态度。于是范雎马上向昭襄王拜了一拜，说不敢不敢。

接下来，范雎终于开始了自己准备了多年的长篇大论。他说道："当初姜太公在渭水之滨垂钓，周文王为请他出山而倾尽全力。他二人虽素昧平生，但文王听姜太公一席话就拜其为尚父，由他辅国。在姜太公的辅助下，周终于灭商，安定了天下。周有姜子牙为相，殷商也有箕子和比干这样的忠臣。他们虽是纣王的宗亲，但纣王不听他们的谏言。比干被处以挖心极刑，箕子被关入囚室，纣王就这样将天下拱手送给了他人。我如今流落异乡，原本受到大王您的疏远，但我接下来要说的话涉及兴亡大计，骨肉之情。大王问了我三遍，我之所以不回答是不知道大王对我的建议是否有诚意。我并不是怕做比干和箕子，只要您采纳我的建议，就算让我去赴死，我也在所不惜。如果我的死能换来秦国的大治，那就是死好过生，这也是我毕生的心愿，请大王务必三思。"

范雎说的这番话很有深意，可以说为他之后所提的治国方略做好了铺垫。昭襄王听他说"骨肉之情"，也了解了几分意思，于是对他说已经摒去一切责任，让他大胆直言，无论言及任何亲贵都不怪罪。

范雎见昭襄王如此诚恳，心中自然是十分感动。但他怕隔墙有耳，仍不敢将最要紧的话说出来，先以对天下的大势分析敷衍了一番。他说秦国地势险要，这是各国都比不上的，而且秦国兵力强大，可以说是所向披靡。昭襄王承穆公之业，继孝公之余烈，但图谋天下的大业至今未成。秦国闭关守国十五年，没有丝毫进展，都是因为大臣不忠，国君的计谋不够远大。

秦昭襄王听他所言，就问他自己的过失在何处。范雎此时终于说到了重点——昭襄王多年采用魏冉的"远攻"策略就是最大的错失所在。在范雎看来，秦国多次发兵远攻都考虑不周，尤其是越过韩、魏攻打齐国更是不明智之举。秦国和齐国距离遥远，韩、魏等国又横亘其中，如果出兵太少，就震慑不了它们，但出兵太多，将士们跋山涉水，到了战场上也是疲惫不堪，还会造成后方空虚，实在是百害而无一利。范雎还举了魏国攻打中山国为例，魏国当初就是越过赵国远攻中山，虽然战胜，但所得之地被离中山国更近的赵国所抢走，所以说远攻即使取得了胜利，战果也难保住。再回到伐齐一事，如果攻而不克，秦国就会成为天下人的笑柄，但如果战胜，秦国在齐国的土地也迟早会被魏国和赵国抢走，到时候忙活一场，却是为他人做了嫁衣。

范雎此言一出，秦昭襄王如醍醐灌顶，连呼"高明"。指出了错处，就要给出新的措施了。范雎继而就提出废去"远攻"之策，而采取"远交近攻"之术。远攻是损己利人，而近攻则是步步为营。

秦昭襄王也同意范雎的看法，于是向他求教"远交近攻"的具体策略。其实这个方略很好理解：远交的目的就是离间东方各国，使它们成不了合纵之势；近攻就是谋求中原之地，扩张自己的势力范围。先攻韩、魏，再拿齐、楚，如此天下尽在掌握。

昭襄王得此计后大喜，马上拜范雎为客卿，让他助自己谋求天下大业。不仅如此，他还马上下令停止伐齐，转而讨伐距离较近的韩国和魏国。范雎一个流亡之人，身份如此卑微，竟然得到昭襄王的大力提拔，自然成为众矢之的。且不说众人对范雎的嫉妒，就昭襄王陡然改变战争策略这一行为，便马上招来了魏冉等老臣的不满。

这时秦国的朝廷呈现出这样一种态势，以穰侯魏冉为代表的亲贵权臣不满昭襄王如此宠信范雎，仍旧坚持"远攻"，而那些曾经受到魏冉打压的大臣见范雎渐渐得势，就依附他形成了一股新的政治势力。新旧两种势力胶着在一起，难分上下。正所谓"一山不容二虎"，眼见矛盾日渐加深，范雎知道扳倒魏冉的时机到了。倘若不趁此机会除去旧势力，不仅不利于推行他"远交近攻"的策略，自己的地位也会受到影响，甚至有可能会丢掉性命，因为魏冉的背后毕竟还有宣太后，那可是昭襄王的母亲。

一日，秦昭襄王召见范雎。君臣二人同处一室，身边并无旁人。范雎见这是个机会，就进言说，昭襄王如此信任他，他无以为报，只是之前所说的安秦之计还未言尽，希望昭襄王能够给他个机会，让他把话说完。

此时的秦昭襄王对范雎已经无比信任，听他这样说，马上就让他有话直说。范雎就说了他以前在山东之时，只知道齐有孟尝君，而不知有齐王。到了秦国，只知秦国有穰侯和宣太后，不知道有秦王。按照常理来说，一个国家的杀伐决断的大权都是掌握在国君的手中，他人怎么能干涉？但如今宣太后倚仗国母这尊贵的身份，和穰侯一起擅权竟达四十余年。秦王虽为国君，却有名无实。穰侯远攻齐国，表面上是说为了国家的利益，其实是损公肥私。从前齐国因为崔杼擅权，齐庄公死于非命；赵国也因李兑擅权，赵武灵王竟然饿死在沙丘。如今昭襄王的地位也是岌岌可危，穰侯仗着自己是皇亲国戚，在外肆无忌惮，惹怒了诸侯。而昭襄王身边的人也多为太后、穰侯一党，他只怕昭襄王会步齐庄公和赵武灵王的后尘，到时候整个秦国就归魏冉所有了。

范雎的一番话正说到昭襄王的心坎上，于是他决定收回多年为外戚所掌控的政权。但魏冉毕竟是太后的弟弟，昭襄王看在亲戚情分上，没有取他的性命，只是收回了他的相印，让他回自己的封地去安度晚年。魏冉离开咸阳的时候，居然用了上千辆牛车来搬家，可见他做宰相这些年为自己谋取了多少利益。魏冉罢相后不久，宣太后就去世了。没有了太后的阻碍，昭襄王接着又把华阳君、泾阳君、高陵君三人遣去关外。

秦昭襄王四十一年（前266），大权在握的昭襄王命范雎为秦国新一任宰相，并加封他为"应侯"，封以应之地。范雎的上台是秦国历史的一个转折，至此，秦国会在这颗冉冉升起的政治新星的带领下，走向新的辉煌！

报仇的精神力量

"昭王得范雎,强公室,杜私门,蚕食诸侯,使秦成帝业。"

——李斯《谏逐客书》

秦昭襄王四十一年(前266),秦昭襄王拜魏人范雎为相,开始推行"远交近攻"的新政策。秦国的巨大政治变动震惊了各国,众人都不知道这个名叫"张禄"的人是何方神圣,也不知道自己国家的命运会在这个人手上发生怎样的改变。

范雎一上台,就开始推行他"远交近攻"的策略。从公元前266年开始,秦国用了六年的时间来打击魏国和韩国,其后就爆发了战国历史上著名的长平之战。《史记·秦本纪》中记载了秦国这六年主要的军事活动:

"昭襄王四十一年,攻魏,取邢丘、怀;昭襄王四十三年(前264):攻韩,拔九城;昭襄王四十四年(前263):攻韩,取南阳;昭襄王四十七年(前260):攻韩上党。"很显然,"远交近攻"的首要目标是魏国和韩国,其中又以魏国首当其冲。这除了距离的原因，或许还有范雎个人的因素在里面。

据司马迁《史记》记载，范雎恩怨分明，是个"一饭之德必偿，睚眦之怨必报"的人，之前帮助过他的郑安平和王稽都在他的推荐下做了大官。但当年在魏国之时，须贾和魏齐不分青红皂白就污蔑他叛国，对他极尽侮辱，差点弄得他丢掉了性命，如此深仇大恨，范雎又怎能忘怀？"君子报仇，十年不晚"，就是因为心底的这份仇恨，范雎才忍辱负重这么多年，终于等到他成为秦相的那一天。

此时的范雎用的还是"张禄"这个假名，魏国的安釐王得知秦国来攻，不知自己做错了什么，马上派出使节前往秦国。魏国大使首先来到了新任宰相"张禄"的府邸，希望秦相能够在昭襄王面前美言几句，放过魏国。世上就是有那么多的巧合，魏安釐王这次派出的使臣不是别人，正是当年冤枉范雎的小人须贾。虽说"仇人相见，分外眼红"，但范雎还是用一个戏剧性的方式让须贾牢记了一个事实，当初他污蔑、陷害自己，绝对是他一生犯过的最愚蠢的错误。

须贾自然不知道秦国的丞相"张禄"就是自己当年的门客范雎，所以范雎就特意换上了一套破破烂烂的行头，前去驿馆"拜访"须贾。风尘仆仆的须贾见到衣衫褴褛的范雎后大吃一惊，虽说当年是他一手将范雎害到将死的境地，但如今见范雎如此潦倒，对其十分同情，还送了范雎一件袍子，并让手下摆上酒菜。

交谈之间，须贾提及他此次来到秦国的目的，就是为了拜见丞相"张禄"，却苦于没有门路。范雎趁机告诉他，他到秦国多年，虽然境遇不佳，却与新任宰相有些瓜葛，可以为须贾引荐。须贾听他这么说，自然是喜不自禁，马上就让范雎带他去拜见丞相"张禄"。但经过多日的奔波，须贾的马车已经坏了，没有豪华的马车，怎么能进丞相府呢？范雎又一次解了须贾的燃眉之急，说他可以借到马车。

须贾就坐着范雎"借来"的马车进入了范雎的府邸，当然，他对自己将要面对的事情一无所知。来到丞相府后，范雎找了个机会进入后堂，不久之后便身着华服，在众人的簇拥之下，再次出现在须贾面前。难以想象须贾见到范雎之后的表情，此时的他只知道不停地向范雎磕头请罪。此时想请得秦相美言恐怕是不可能了，能保住自己的项上人头才是最重要的。

范雎等了多年，今天终于可以一雪前耻。他在众人面前将须贾当年所犯的罪行一一列举出来，将他骂了个狗血淋头。此后，范雎上奏秦昭襄王，改"张禄"之名为"范雎"，开始光明正大地施行自己的复仇计划。

范雎虽然有仇必报，但公是公，私是私，魏国毕竟是自己的故乡，所以他还是为魏国说了几句好话的。须贾完成了任务，自然对范雎感激涕零。临行之前，范雎在丞相府大摆筵席，美其名曰为须贾送行。须贾自然不敢怠慢，只得奉命前往。

这次的宴会办得十分隆重，来的全都是各国的使节和范雎的宾客，都是地位尊贵之人。但令须贾疑惑的是，他找来找去都没有找到自己的座位。这时候，主人范雎出来了，当即就给了须贾一个难堪，让他一个人坐到廊下去。须贾这下子明白了，所谓的饯行宴其实是范雎为了羞辱他的一个陷阱。

人在屋檐下，不得不低头。须贾此时受制于人，只能悻悻然地一个人坐到了廊下。没想到事情还没完,开宴之时,给须贾上的居然是一盆喂马的豆料,还让两个犯人像喂牲口一样喂他,言下之意就是说须贾是畜生。这时范雎发话了,说须贾虽然之前害他不浅,但这次见面还送了他一件袍子,可见须贾没有完全泯灭良心,所以放他一马。范雎还让须贾带个话给魏王,让他即刻把他的亲眷送到秦国来,此外还要将魏国丞相魏齐的头颅一并带来,否则秦军就要血洗大梁。

由此可见范雎的确是个恩怨分明之人,一丝一毫他都记得十分清楚。当年须贾只是个导火索,充其量只是个善妒的小人,而真正把他像烂泥一样踩在脚下的人是魏相魏齐,这才是他要报复的第一人。

须贾听了范雎的吩咐,自然不敢怠慢,火速把这个消息传回了魏国。虽然魏齐是堂堂宰相,但软弱的魏安釐王惧怕秦国的威势,只得牺牲魏齐一人来拯救整个国家,毕竟以魏国现在的实力与秦国抗衡,无疑是以卵击石。魏齐听说安釐王要杀他,马上收拾了东西,星夜逃亡赵国,躲在了平原君赵胜的家中。

范雎既然说了要拿魏齐的人头,就不会轻易放过他,无论他逃到天涯海角,都会取他的性命。而秦昭襄王此时也知道了这件事,他一直敬重范雎,甚至称他为"叔父",得知范雎曾经受过这样的侮辱,他怎能不愤怒?于是昭襄王亲自修书一封,请平原君赵胜到秦国宴饮。赵胜不知是计,就来到了秦国,昭襄王马上将其扣下,要挟他交出魏齐。

赵胜毕竟还是有些骨气的,不肯屈服于秦国的威势之下。但就在赵胜与秦国交涉之际,赵惠文王也接到了昭襄王的书信,让他速速处死魏齐，否则就要出兵讨伐赵国。

赵惠文王不像赵胜如此强硬，只得听昭襄王的安排。魏齐见赵国待不下去了，就连忙逃回了魏国，希望信陵君能够保护他。可信陵君也不敢惹麻烦，根本不见他，他又逃到楚国，受到的待遇也是一样。

这回魏齐死心了，天下之大，竟没有容他之地。一气之下，他拔剑自刎，自己结束了自己的性命。魏齐死后，他的人头被人砍下送到了秦国。范雎命人将其洗净，并涂上了一层漆，做成夜壶，目的就是报魏齐当年羞辱他的仇。

范雎大仇已报，秦国也开始一步步蚕食周围的领土，扩大自己的势力范围。

就范雎报仇这件事本身来说，范雎当年在魏国受了奇耻大辱，还差点丢了性命，他功成名就之时报复须贾和魏齐本没有错，但手段太过毒辣，显得有些小家子气。不过从范雎的事迹来看，这样迂回曲折却招招致命的处事方式，正是他一贯的风格。从这件事我们也可以看出，除了赵国的平原君赵胜有意与秦国争个高低之外，没有人敢得罪秦国，可见秦国当时的势力已经如日中天。

打击了韩、魏之后，秦国的下一个目标就是赵国。在中原的广袤土地上，一场充满着腥风血雨的大战就要拉开帷幕，那就是——长平之战。

荀子不是来旅游的

就在范雎把秦国治理得风生水起的时候，一个人正坐着马车行进在前往秦国的道路上，这个人就是儒家的又一大家——荀子。

在春秋战国这个精彩的大舞台上，活跃着这样一群人，他们活着不靠自己的双手和气力，靠的是自己的嘴皮子。除了像张仪这样的纵横家之外，在各国之间来往奔波的就是这些时刻不忘宣传自己治国思想的诸子了。

荀子名况，字卿，赵国人，后世人尊称其为"荀卿"。西汉宣帝名刘询，为避其讳，就取与"荀"古音相近的"孙"字代替，所以荀子又被称为"孙卿子"。荀子五十岁游学于齐，为稷下学宫祭酒。齐国有人向国君进谗言污蔑荀子，荀子就离开齐国来到了楚国。楚国的春申君十分欣赏荀子，推荐他为兰陵令。春申君死后，荀子也受到了牵连，官职被罢免。

司马迁《史记》记载："荀卿嫉浊世之政，亡国乱君相属，不遂大道而营巫祝……鄙儒小拘，如庄周等又滑稽乱俗，于是推儒、墨、道德之行事兴坏，序列著数万言而卒。因葬兰陵。"这几句话几乎可以概括荀子的毕生思想。然而在《史记》一书中，司马迁并未提及"荀子入秦"一事，原因为何，现在已经无从猜测，但"入秦"的确是荀子晚年经历的一件不可忽略的大事。

春秋战国学术氛围活跃，诸子思想可谓是百花齐放，百家争鸣。这些游学之人奔波于各国之间，不单单是为了欣赏各地不同的风土人情，更重要的是推行自己的思想和治国方略，荀子也是一样。

根据历史记载推算，荀子入秦的时间应当不会超过公元前266年，也就是范雎为相，开始推行"远交近攻"的那一年。荀子入秦的时间不长，远没有他在稷下学宫的日子久。

当时的秦国虽然很强大，但因其推行严刑峻法，所以在东方各国眼里是个野蛮之国。各国虽然打心眼里瞧不起秦国，但碍于它强大的实力，也是敢想而不敢说。这种矛盾的心理很微妙，曾游历于齐楚之地的荀子对秦国也有这样的想法。

真正的秦国真的是个充满了血腥的野蛮之国吗？眼前的景象完全颠覆了荀子心中对秦国的想象。根据《荀子·强国篇》的记载，他是这样形容他所看见的景象的："其固塞险，形势便，山林川谷美，天材之利多，是形胜也。入境，观其风俗，其百姓朴，其声乐不流污，其服不挑，甚畏有司而顺，古之民也。及都邑官府，其百吏肃然，莫不恭俭、敦敬、忠信而不楛，古之吏也。入其国，观其士大夫，出于其门，入于公门；出于公门，归于其家，无有私事也。不比周，不朋党，倜然莫不明通而公也，古之士大夫也。观其朝廷，其朝闲，听决百事不留，恬然如无治者，古之朝也。故四世有胜，非幸也，数也。是所见也。"

在荀子眼中，秦国不仅地理条件优越，且民风淳朴，政治清廉。这样看来，秦国四代都跃居众国之上是有深刻的原因的。对于秦国来说，荀子是个外来者，更是个曾经厌恶和怀疑过自己的外来者。这样的人对秦国的评价都如此之高，这说明荀子所言是十分客观可信的，此时的秦国已然成为那个人人向往的"治世之国"。

荀子入秦之后，拜会了秦国的两大核心人物，秦昭襄王和丞相范雎。作为秦国的丞相，荀子入秦有理由先拜见范雎，然后再由范雎引荐他去拜会昭襄王。从范雎和荀子的经历来看，他们有很多相似之处。第一，他们都不是土生土长的秦国人；第二，他们都是曾被谗言所害的失意之人；第三，他们都有满腹才华。

也许正是这三点原因，荀子和秦昭襄王的会面在范雎的斡旋下进行得十分顺利。那么昭襄王会怎样对待这个来自远方的大儒呢？会将他留在秦国并委以重用吗？而从荀子的角度来看，这次会面是他进一步深入了解这个崛起之国的绝佳机会。

《荀子·儒效篇》详细记载了昭襄王和荀子的这次谈话。

王问："儒无益于人之国。"荀子答曰："儒者法先王，隆礼义，谨乎臣子而致贵其上者也。人主用之，则势在本朝而宜；不用，则退编百姓而悫，必为顺下矣，虽穷困冻馁，必不以邪道为贪；无置锥之地，而明于持社稷之大义。"

仔细分析这段简短的谈话，从中不仅可以看出昭襄王和荀子两种不同的治国思想，也可以看出荀子的儒家思想和孔孟之间的巨大差异。昭襄王的开场白很独特，说的是"儒无益于人之国"，意思就是指儒生对于治国是没有什么用处的，这无疑是给了秉持儒家之道的荀子一个巨大的打击。

昭襄王之所以会说出"儒者无用"这样的话，原因是很明显，也是很深刻的。秦国自穆公商鞅变法以来，一直推行的都是法家的治国策略，到了昭襄王时期已经是第四代了。而秦国也正是因为变法逐渐成长为可以傲视群雄的第一大强国。正因如此，秦国的国君对儒家的那一套"仁政"都不感冒。

那么荀子是如何应对昭襄王如此尖锐的批评的呢？荀子说，所谓"儒者"，是重视礼仪之人，他们恪尽职守又忠于君王。如果君主任用这样的人为官，那对朝廷有益，如果不用他们为官，他们也不会有所怨恨，就会成为老实顺从的百姓。这样的人即使是穷困潦倒，也不会产生邪恶的贪念，虽无他们的立锥之地，也是深明大义之人。作为一位大儒，荀子没有直接反驳昭襄王的话，而是用一种委婉的方法告诉他，儒者对于治国是有很大作用的。荀子的这种做法直接反映了他温婉谦逊的性格特点，这在当时那些巧舌如簧的谋士和游学者之中是不多见的。

秦昭襄王又问荀子，如果儒者成为一国之君，那又会如何呢？

荀子回答他说，儒者如果成为天子，那是再好不过的了。因为如此，儒家的思想就会传播得更加广泛，利益准则也能很好地推行，社会风气就会发生巨大的变化，最后自然会出现"四海之内若一家"的盛况。

荀子所说的"四海之内若一家"十分符合昭襄王一统天下的政治理想，但"治乱世用严法"，所以荀子所说的"重礼仪"的治国方略最终还是没有打动昭襄王。其实昭襄王没有重用荀子的原因不难理解，对于一个一心想要谋取天下的君王来说，如何来创造一个盛世现在还言之过早。荀子虽然在言语上满足了昭襄王对未来的憧憬，但他以整个社会和天下百姓的利益为出发点，这显然和昭襄王的政治理想有着很大的出入。

从儒家思想本身来看，荀子的思想和他的前辈孔子和孟子都有很大的差异。荀子所处的时代已经到了战国后期，这时的秦国已经通过商鞅变法变成了诸侯间的强国。无论是从军事实力，还是从政治经济状况来说，秦国都是一支不可忽视的力量，这或许也是促使荀子入秦的最直接也是最根本的原因。相对比来说，孔子和孟子虽然都周游列国，却没有到过秦国，这也和当时秦国的经济和政治地位有关。

荀子主张"隆礼""重法"，但他所说的"礼"和孔子所说的"礼"在内涵上还是有一定差异的。《荀子》一书中有言："礼者，法之大分，类之纲纪。"他理解的"礼"，是和"法"紧密结合的，这就摆脱了之前公卿世袭的约束，如果贵族不符合礼法，同样要受到处罚，而寒门子弟若懂礼并践行之，就可以拜官求相。所以从某种程度上来看，荀子的儒家思想内涵更为复杂，是"礼治"过渡到"法制"的一种体现。

战国末期，政治局势由诸侯割据逐渐走向统一，而文化思想方面也从百家争鸣的状态逐渐走向了总结。这段时期，新兴的地主阶级兴起，而荀子的思想就是代表着他们的利益。从稷下学宫时期开始，荀子就开始批判地吸收着各家的思想，从而创造性地赋予了传统儒家思想"法制"的内容，这是一种思想上的突破，也是顺应时代潮流的一种改变。

荀子虽然没得到秦昭襄王的重用，但他的学生李斯在他身后获得了巨大的成功。李斯从荀子学帝王之术，后助秦始皇嬴政一统天下。如果说荀子的思想是现实主义和浪漫主义的结合，那么李斯就在这种结合中将"法"的地位上升到了一个新的高度。它的现实性更适应时代的需求，这也是李斯在仕途上超越自己老师荀子最根本的原因。

上党的选择

荀子离开了秦国,但秦昭襄王统一天下的步伐还是要继续。这次讨伐的对象依旧是老对手——赵国,也就是那个不久前让不可一世的秦国颜面尽失的赵国。从阏与之战或是更早的时间开始,秦国图谋赵国的野心已经是司马昭之心路人皆知了。从当时的局势来看,赵国是唯一一个能与秦国抗衡的国家,尤其是阏与一役大胜秦国之后,赵国的政治地位也陡然提高。

赵国国土面积较小,生存环境也比较恶劣。鉴于赵国的这种特殊情况,在其他的国家都在进行政治、经济体制改革的时候,赵国却在赵武灵王的领导下开始了军事方面的改革,也就是历史上著名的胡服骑射。赵武灵王虽然带领赵国走向强大,但没想到被自己的儿子软禁在沙丘,最后竟然被活活饿死。

赵武灵王死后,赵惠文王继承了其父的王位。赵惠文王的性格比较软弱,这一点从"和氏璧"和"渑池之会"事件中也可以略知一二。但好在此时的赵国还算是人才济济,武将有廉颇、乐乘,后来又有了赵奢，文臣方面也有有勇有谋的蔺相如，而赵惠文王本人也可以算得上是从谏如流，大臣们的忠言基本上都能听得进去，所以此时的赵国延续着"胡服骑射"后的辉煌，还算较为太平。

转眼间，那场让赵国扬眉吐气的阏与之战已经过去了四年。公元前266年，赵惠文王离开了人世，即位的是他的儿子赵孝成王。秦国见这是个机会，就准备卷土重来，收服赵国，完成统一天下的重要一步。秦国先发制人，发兵夺取了赵国的三座城池。赵国自身不够强大，所以只得求助于齐国。作为代价，赵国将王子送到齐国做人质。

赵国之所以求助于齐国的原因有二：一是顾此失彼，赵国的北边是匈奴，此时大规模入侵，赵国的精锐部队基本上都调往北方镇守边境，实在没有充足的兵力再去与秦国抵抗；二是良将已失，此时赵奢已经作古，武将能堪当重任的只剩下老将廉颇。廉颇虽然是名将，但其长处是防守而不是进攻，所以面对秦国咄咄逼人的态势也只能做到守卫国土，想要主动出击很难。

由于这次获得了齐国的帮助，秦国也没有得到多少好处。公元前265年，秦国在丞相范雎"远交近攻"的战略指导下，将目光转向了赵国的邻国——韩国。秦国讨伐韩国很明显是"醉翁之意不在酒"：一则是为了将韩国作为日后进攻赵、魏两国的军事据点，二是为秦军向东挺进开辟一条道路。

和赵国相比较，韩国是个实力衰微的小国，但它的重镇上党却是进攻赵国的一个关键之所。上党地处韩国北部与赵国交接之处，地理位置十分重要。它坐落于太行山山麓，地势险要，只有通过山中的一些孔道才能与韩国的其他地区交接。上党不仅是韩国的门户，以东约一百五十公里就是赵国的首都邯郸，一旦失守，对韩、赵两国都是一场噩梦的开始。也正是因为上党如此重要，所以秦国方面也是倾注了大量的兵力，不拿下上党誓不罢休。

秦国为了拿下上党，由大将白起率领秦军在韩国北部和韩军纠缠了近三年，拿下了少曲、高平、南阳、野王等十座城池，斩杀了韩国军士共五万余人。在秦国的重压之下，上党失去了和韩国本土的联系。韩桓惠王闻风丧胆，生怕秦国拿下上党之后就趁势将韩国一起吞并。在与大臣们商议之后，桓惠王主动将上党送给秦国，希望秦国能够放自己一条生路。桓惠王本以为这样就可以息事宁人，但他万万没有想到，这道诏令会在执行环节出了差错。

割地投降的诏令传到了上党，但此时驻守上党的郡守冯亭却宁死不从，拼了命要跟秦国斗争到底。韩国和秦国的实力毕竟有天渊之别，过了没多久，冯亭就弹尽粮绝，眼看城池就要被秦军踏平。此时的冯亭左右权衡了一番，决定将上党十七县献予赵国，希望赵国能够发兵援助韩国，最后促成"三晋"联合抗秦的态势。

冯亭的这个想法很绝，其内涵基本上可以概括为四个字，那就是"转嫁危机"。客观看来，赵国的实力的确是要高过韩国，它也是唯一一个敢于和秦国叫板的国家。一旦赵国发兵来救，秦国和韩国的战争就会转变为秦国和赵国的战争，到时候韩国就可以置身事外，使自己的利益不受到半点损害。

冯亭的算盘打得很精明，却给赵国出了一个大难题。上党主动依附的消息传来，赵国君臣马上分成了两派。一派以平阳君赵豹为代表，他们主张谨慎处之以静观其变，因为上党之地如此重要，秦国肯定不会如此轻易地放过赵国。一旦接受上党的依附，无疑是引火烧身，自讨苦吃，持此观点的还有赵国老将廉颇。

另一派以平原君赵胜为代表，主张接受上党，与秦国争个高低。因为不费一兵一卒就可得到上党十七县，对赵国稳固自己在山西的地位是绝无仅有的良机。如果此时犹豫不决，就会被秦国占了先机。赵孝成王此时即位不久，还处于血气方刚的阶段，自然不会因为惧怕秦国就畏首畏尾，所以最终接受了平原君的建议，决定收上党十七县为赵国所有。

其实接受或者不接受冯亭的依附，赵国都无法避免和秦国的一场大战，只是战争爆发的时间问题。接受了上党，秦国或许会马上将矛头指向赵国，但如果不接受，上党一旦为秦国所有，下一个遭殃的还是赵国。

如此分析，上党势必不能交到秦军的手里。赵孝成王的想法是好的，但在行动上犯了一个巨大的错误。接受了冯亭的主动依附之后，赵孝成王竟然只派了平原君赵胜带了为数甚少的兵力前去接管上党。至此，赵国就卷入了一场没有止境的噩梦，而秦、赵两国对上党的争夺，就此拉开了长平之战的序幕。

不管是来自韩国还是赵国的阻力，秦国对于上党都是志在必得。且不说上党是秦国入主中原之地的一个跳板，就拿它之前为此付出的近三年的努力，秦国也不可能将这块到嘴的肥肉拱手让给自己的死对头赵国。

赵国接管上党的消息传到了秦国，秦昭襄王大怒。丞相范雎马上上书给昭襄王，力主还赵国以颜色，发兵讨伐赵国，防止三晋形成合纵之势。秦昭襄王四十六年（前261）初，昭襄王发布了一道动员全国的诏令，要以倾国之力攻赵。到了年末，秦国大军主力在左庶长王龁的带领下，向北翻越了太行山，越过安邑，浩浩荡荡地向上党走去。除了王龁一路大军之外，秦军还有一路为主力军做掩护军队，从宜阳攻打韩国的緱氏，以防韩国和魏国支援赵国。

赵国方面，赵孝成王为了抵抗秦军的来袭，在派出平原君去接管上党的同时，还派老将廉颇率赵国大军驻守在了另一个险要之地——长平。秦、赵两国在上党所倾注的兵力实在太过悬殊，于是上党马上就陷入了秦军的包围中。冯亭见上党就要保不住了，就率领十七县的官员和百姓突出重围，火速向赵国奔去。赵国既然接管了上党，此时就不能坐视不管，于是就将这些韩国的流亡者安置在了长平。

王龁见局势发生了变化，便马上挥师转向，率领秦军主力一步步向长平逼近。

纸上谈兵害死人

到了第二年春天，秦、赵两国在长平的交战已经进行到了白热化的状态。秦国兵强马壮，不论是步兵还是骑兵都是其他各国所不能抗衡的。此次的战争中，秦国投入了将近六十万的兵力，且秦军纪律严明，赏罚分明。秦军将士为了夺取军功，个个如狼似虎，真可谓是所向披靡，令人闻风丧胆。

而赵国方面此次也没有怠慢，前后投入的兵力总共也超过了五十万，双方兵力在数量上可以说是旗鼓相当。因为之前赵武灵王推行"胡服骑射"，所以赵国骑兵的军事素质相当高，且以弩弓骑兵见长。但从士气方面来看，赵国将士的积极性显然比不上秦国，而且战斗经验也不如秦国将士丰富。

战争初始，赵国的先锋部队和秦军交战于长平之南。秦军勇猛，初战告捷，赵军不敌对手，竟然全军覆没。赵军出师不利，老将廉颇遂率赵军四十余万主力退守长平以北，以守为攻，以静制动。

廉颇老成持重，又征战沙场多年，经验十分丰富。他知道秦军此时气势如虹，几欲再战，如果贸然与之硬拼，受损失的肯定是赵军。于是廉颇率赵军在空仓岭一带筑垒自守，无论秦军如何鼓战，他就是不迎战。廉颇此举十分高明，一方面能够保存自己的实力，另一方面还可以消磨秦军的士气，可谓是一举两得，一箭双雕。等到秦军士气衰退时再一举攻之，到时候胜利才大有可图。

但廉颇的苦心并不是所有人都能理解的，尤其是年轻气盛的赵孝成王，他见廉颇按兵不动，简直成了热锅上的蚂蚁，不知如何是好。赵孝成王三番五次发文书谴责廉颇，问他为何如此消极怠战，长他人志气，灭自己威风，并一再催促廉颇主动出击。

但所谓"将在外，军令有所不受"，廉颇虽然知道赵孝成王已经动了气，但依旧坚持自己的主张，绝不轻易出战。到了这年四月，秦赵双方发生了一次激烈的交战，这场战斗一直延续到了七月，其间赵国丢失了两处要地，西营垒也被秦军占领，局势渐渐倒向秦国。但纵使战局如此不利，廉颇还是下令退守丹河，固守阵地，与秦军隔河相峙。赵军充分利用了丹河的有利地形，以不变应万变。而在秦国方面，接连几个月的战斗，也使得秦军损伤无数，士气也有很大的下降。

战争就这样陷入僵局，王龁虽然急于一战，但碍于廉颇的严防死守，三年内都没有越过丹河一步。从当时的局势来看，秦、赵两国谁能取得此次战争的胜利还是一个未知数。如果赵国此时能一直坚持廉颇的战争策略，此战或许还有一丝战胜的希望。但秦相范雎老谋深算，在他得知赵孝成王和廉颇在战略方针上出现了分歧的时候，他觉得有机可乘。

此时，赵国派使者郑朱前往秦国议和。秦国为了制造秦、赵两国和解的假象，假意殷勤接待郑朱。因为东方诸国虽然实力都不能与秦国抗衡，但一旦形成"合纵"之势，事情就会变得棘手而难以解决。但如果诸国认为秦赵两国已然和解，必然会孤立赵国，使赵国陷入无援之地。

除了制造和解的假象之外，在范雎的授意下，秦国间谍带着大批的金银珠宝秘密地潜入了赵国，意图挑拨赵孝成王和廉颇的关系，让赵国更换统军将领。不久之后，赵国国内就谣言四起，说廉颇不战，乃是怯战，秦军其实根本不足畏惧，如果派马服君赵奢的儿子赵括出战，必然能一举克敌。秦国的间谍还用金钱收买了赵国的权臣，于是他们向赵孝成王进言，希望撤换廉颇，派赵括前往长平统战。

世人都知道赵括"纸上谈兵"，那么其人究竟如何，果真是一无是处吗？赵括的名气虽大，却比不上他的父亲赵奢。赵奢是赵国赫赫有名的大将，曾率军在阏与大败秦军，震惊诸侯。

赵括出生于武将之家，从小就酷爱兵法，谈起军事来可以说是头头是道。从小就爱学习本不是什么坏事，但赵括并没有继承其父隐忍稳重的性格特点，反而有些浮夸自大，自认为论兵法，世上无人能出其右。赵括经常和父亲探讨为将用兵之道，面对父亲提出的问题，赵括每次都是对答如流，但赵奢怕他因此自恃才高，所以从来都不夸奖他。其妻觉得十分奇怪，赵奢就解释说，打仗一事关乎将士的生死和国家的存亡，但在赵括口中如同儿戏般轻松，倘若用他为将，军队一定会大败。

其实当时赵括在赵国名气是很大的，否则秦国也不会选他来作为"反间计"的主角。当年赵奢在世的时候，曾奉命去攻打齐国的孤城麦丘，此时陪伴在他左右的就有他的儿子赵括。

在赵奢出战之前，赵国的军队就已经进攻麦丘多时，但一直都没有将其攻下。此时的齐国虽然实力大不如前，但麦丘因为粮草充足，且又有墨家的弟子帮助守城，所以竟然成为一块难啃的硬骨头。但赵惠文王可不管困难有多大，他派赵奢出征，且命他一个月之内一定要拿下麦丘。

赵奢来到麦丘，延续了之前的强攻策略，但收效甚微。就在赵奢陷入迷茫之际，他饱读兵书的儿子赵括站了出来，劝父亲换个策略，先了解麦丘城中的情况再做打算，知己知彼，方能百战百胜。

赵奢见他说得颇有道理，于是就抓来一些齐国的俘虏来询问情况。没想到这些齐国人虽然被俘，却有些爱国之心，面对赵奢的提问一概不答，赵奢见他们如此也没有别的办法。赵括却不这样想，他见硬的不成就来软的，不仅好吃好喝地供着他们，还发放钱粮，让他们回家去和亲人团聚。

在赵括的糖衣炮弹下，这些俘虏终于归顺赵军，并供出了一个有利于赵军的大好消息，麦城现在已经断粮了，根本撑不了多久。此时赵括又心生一计，他将这些俘虏放回城去，散发赵军有粮且善待俘虏的消息，又每日不停地向城中投放粮食。不久之后，百姓哗变，出城投降，麦丘不攻自破。赵奢完成了赵惠文王交予的任务，而年纪轻轻的赵括也因此名声高涨。

从麦丘之战来说，赵括的确是有些才气的，但当时的情况是他的父亲赵奢为主帅，他只是充当一个谋士的角色，大事并不由他定夺。倘若让他独自领军出战，以他急躁且自负的性格，后果便可想而知了。

但并非每个人都了解赵括的底细，比如说赵孝成王，他就坚信赵括是名将之后，且名气在外，派他前去定然不会有所差池。再加上他本来就不满廉颇以守为攻的战略方针，用赵括替换廉颇的建议正合他的心意。赵孝成王不了解赵括其实并不打紧，但可怕的是秦国丞相范雎对赵括只会"纸上谈兵"的特点了然于心，这就是悲剧的开端。

不明就里的赵孝成王最终听信了传言，下令让赵括前往长平取代廉颇。虽然赵国此时大多数人都中了秦国的"反间计"，但还是有两个清醒的人，一个是蔺相如，另一个是赵奢的妻子，赵括的母亲。

蔺相如此时虽然尚在病中，但为了大局，他还是拖着病体前去劝谏赵孝成王。蔺相如劝赵孝成王不要听信谣言任用赵括为将，他还做了一个很好的比喻，说赵孝成王听信谗言，就如同用胶将调弦的柱黏死，不知道变通，又怎么能弹奏得出好的乐曲呢？但赵孝成王不听。蔺相如之所以反对赵括出征是因为他知道赵括只懂得背诵兵书上的教条，对于实地作战可以说是毫无经验。那么赵括的母亲面对这个可以让儿子建功立业、大展宏图的机会，为什么还要站出来反对呢？

所谓"知子莫若母"，赵括的母亲自然知道自己的儿子到底实力如何，再加之赵奢生前与她的那次深谈，她自然要遵从丈夫的意愿，不能让赵国的前途断送在儿子手中。为了国家的荣誉和利益，她劝赵孝成王万万不可用赵括统军，一旦赵军由赵括统领，赵国此战必然会一败涂地。对于赵括之母的举动，赵孝成王十分不解。于是其母就告诉赵孝成王赵括和其父赵奢不同，赵奢能够与将士甘苦与共，而赵括却很自私，他将大王所赏赐的钱财全部收归己有，手下之人对他只有惧怕，根本没有与他交心之人。可是，此时的赵孝成王心意已决，又怎听得进他人的劝谏。最终他还是授予赵括上将军之职，命其火速前往长平统军作战，同时也答应了赵母，一旦兵败，绝不牵连于她。

秦国知道大事已成，就暗中将大将白起调往长平，命王龁为副将，协助白起统领秦军。任用白起为将之后，昭襄王还另外派遣了一支增援部队开赴长平，并下令严守此机密，称"敢泄武安君为将者斩"。

作为战国赫赫有名的战将，白起久经沙场，战斗经验十分丰富。他曾率秦军与韩魏联军大战于伊阙，斩杀敌军二十余万。破楚的鄢郢之战也是以他为统帅，楚国也因为此战而一蹶不振，几乎退出了争霸的舞台。白起知道赵括是个没有实战经验，只会纸上谈兵的庸才，针对赵括的特点，他对秦国的兵力进行了严密的部署，确立了诱敌深入，围而歼之的作战方案。

长平成了屠宰场

年轻气盛的赵括一来到长平，就将廉颇之前制定的作战方案全部推翻，不仅更换了左右将领，还改变了之前的军中制度。一时间，赵军上下军心动荡，统领和将士之间离心离德，斗志大不如前。

与此同时，赵括还下令转守为攻，马上调兵遣将，准备向秦军发动攻击，夺回上党十七县。赵括此举正中白起下怀，他命令秦军佯装败退，引诱赵军出战。赵括自然不知白起是以退为进，以为秦军真的是惧怕自己的威势，于是愈发得意了，命赵军倾巢而出。秦军且战且败，一路向营垒方向退去，而赵军在后面紧追不舍。

秦军大营驻扎在一个峡谷之中，赵军一旦进了谷，就如同进入了一个大口袋。此时秦军只需将谷口守死，赵军就是腹背受敌，插翅难逃。果不其然，等到赵军气势汹汹地追着秦军进入峡谷之后，秦军的近三万骑兵便从四面八方涌了出来。秦国的骑兵部队迅速分为两路，从赵军两侧插到了赵军后方的谷口位置，将赵军整个包围了起来。此时的赵军成了瓮中之鳖，进也不是，退也不是，只能在谷中和秦军对战。

围了赵军主力之后，白起为免赵国后方来援，又派出一支由五千人组成的车骑部队赶往赵军的大营，将留守的赵军监视起来。

赵军眼见被围，顿时乱作一团，其精锐部队左右冲击，想突破秦军的包围圈。对于赵军的举动，秦国早就做好了准备，由骁勇善战的骑兵迎战赵军，以挫其兵锋，将战争主动权牢牢掌握在自己手中。

赵括见初战不利，又害怕秦军将赵军分而歼之，于是便下令将所有的部队都集结在一起，修起了防御工事，等待后方的救援。

虽然秦国方面死守消息，但赵军在长平被围的消息还是传回了邯郸。赵国君臣听说了此事后大为震惊，举国上下也是人心惶惶。经过君臣商议，认为此时最重要的就是火速派遣救援部队前去长平解救危局。赵孝成王下令，命赵国境内剩下的部队火速集结，不惜一切代价前往长平救援。

秦昭襄王得知赵国倾全国之力解救长平，也感觉到事情的严重性，或许此时就是与赵国决一死战的机会。昭襄王亲自前往河内征兵，河内十五岁以上的男丁悉数从军，前往长平参战。

这支新组建的军队由河内出发之后，没有直接参与到前方的战斗中，而是直接行军至丹朱岭。丹朱岭的位置在赵军于长平的大营之后，秦军占领了此地，就彻底地阻绝了长平的赵军和后方的联系，达到了其纵深包围的目的。

时间一直持续到了九月份，此时的赵军已经被围一个半月，后方的援军根本进不了长平。粮草断绝已久的赵军只有靠吃战马和死尸来维持自己的生命，全军将士无论是身体还是精神都已经濒临崩溃。赵括知道再守下去也等不来援军，坐以待毙只能是死路一条，杀出重围，也许才能获得一线生机。赵括将剩下的精锐部队归拢起来，分成了四个小队，不停地突围。虽然赵国的骑兵不分昼夜地出击，想要突破包围圈，但无奈秦军的围守如同铜墙铁壁一般，根本无法轻易冲破。此时赵括深孚众望，冲杀在最前方。秦军弓箭手万弩齐发，赵括最终战死沙场。

主帅一死，赵军失去了主心骨。奄奄一息的赵军突围无望，又无援军来救，只得放下武器，全体向秦军投降。秦军接受了赵军的投降，马上解除了赵军的武装。据记载，四十万赵军的兵器和甲胄，堆起来如同几座小山。而这几十万人的性命此时就掌握在秦将白起的手里。

白起的狠辣人尽皆知，当初秦国攻楚，水淹楚国都城的时候，死伤的军民就达十余万。此次赵国四十万俘虏落在白起手中，白起又怎会遵守"降将不杀"的原则，放过这些赵人的性命呢？当属下来征询如何处理战俘的意见时，白起说了这样一句话，其称："赵卒反复，非尽杀之，恐为乱。"赵人反复无常，留下来必为祸患。

就因为白起这一句话，赵国四十万俘虏全部坑杀，秦军只将赵军中年幼之人放回，其数总共还不足三百人。至此，秦国彻彻底底地取得了长平之战的胜利。长平战败，军士被坑杀的消息传回了赵国，举国陷入了悲痛和哀悼之中。赵国的多少家庭因为这场战争而妻离子散，家破人亡，这样的结局如何让人不辛酸落泪！赵孝成王得知长平战败后大怒，下令诛杀赵括三族，但因为之前答应过赵母，所以免除了她的死罪。

无论从哪个角度来看，长平之战都可以称得上是春秋战国时期规模最大、持续时间最长、情况最为惨烈的战争之一。此战赵军四十万大军全军覆没，秦军也是死伤过半，双方前后的伤亡共计百余万。所谓"晋阳之围，悬釜而炊；长平之战，血流漂橹"，古人论及东周五百年间的战争，其惨烈者首推晋阳、长平两役。

　　长平之战会产生这样的后果是有其深刻的原因的。从总体实力对比来看，秦国虽然略占优势，但赵国也不是无力与之抗衡，这一点从之前廉颇率军与王龁对抗数年就可以看出。赵国败得如此惨烈，其根本原因就是战略上的失策，而秦国之所以能够取胜，也是因为采用了得当的策略。

　　首先，赵国对于冯亭献上党一事考虑不周。不费一兵一卒就得上党十七县固然是个不小的诱惑，但赵国在接收上党之时并未做好充足的准备，反而让自己陷入了两难之地。而秦国却借攻打韩国之机，巧妙地将战场转移到了赵国。

　　其次，赵国用人不当。之前用老将廉颇驻守长平，虽不能迅速取胜，但以守为攻也是一个稳妥不过的万全之策。谁知赵孝成王心高气傲，听信谗言，用赵括而不用廉颇，使四十万赵军陷入秦军的埋伏。而秦国方面，所用王龁、白起都是勇猛善战之辈，又善于谋略，赵括与之相比，真是有天渊之别。至于谋臣方面，秦国有范雎这个老谋深算的丞相自不待言，而赵孝成王左右亲近的大臣大都为秦国的"反间计"所用，只有一个蔺相如，但此时也是重病不起。

　　再次，赵孝成王急于求成。和政治经验丰富的秦昭襄王相比，赵惠文王的政治头脑显得十分幼稚。他不顾自己的实力，一味地争强好胜，又听不进他人的劝谏，反而愿意听信那些虚假的谣言。而昭襄王重用范雎之后，能够充分地吸收丞相提出的建议，甚至在关键时候放下身份，亲自到河内去征兵。

最后，赵国的外交策略有误。在秦、赵两国交战之际，赵国没有马上向其他的国家，如魏国和楚国求救，反而心存侥幸，派使者去秦国和谈。而秦国正好利用了赵国使者来秦的机会，孤立了赵国，同时也破坏了东方诸国的"合纵"之势，使赵国最后只能孤军奋战。

历经长平一役，赵国元气大伤，从此一蹶不振，再也无力与秦国抗衡，而其他诸国也因此战受到巨大的威慑。至此，关东六国中实力最强的国家也退出了历史的舞台，形成了秦国一家独大的局面。长平之战是诸侯争霸，天下混战时代即将结束的一个标志，统一的局势已然成为一个不可逆转的现实，一个统一的大帝国就要诞生。

第四章

更进一步：火中取炭

离间成功

长平一役，秦国虽取得了胜利，却因为坑杀四十万战俘而失了道义，列国都开始同情战败者赵国，愈发地视秦国为蛮荒残暴之国。长平坑杀惨剧的始作俑者白起却没有因为四十多万条性命丧其手而感到一丝的愧疚，反而愈发骄横起来。

长平之战过后的第二年十月，白起顺利地收回了早就该属于秦国的上党，并一再请求昭襄王趁赵国国力空虚，发兵攻取其都城邯郸，一举灭了赵国。白起一面征询昭襄王的意见，一面悄悄地进行了部署。他命王龁占领了皮牢，司马梗攻下了太原，准备一得令就亲自率领秦国大军，直捣邯郸。

秦国要攻打邯郸的消息吓坏了赵孝成王，作为赵之邻国的韩国此时也感到了一丝凉意。两国国君商议，在秦昭襄王四十七年（前260）年末，合纵家苏代受赵、韩两国之托，踏上了前往秦国劝兵之路。

苏代，东周洛阳人，是纵横名家苏秦的兄弟，在他之下还有一个弟弟名叫苏厉。苏家三兄弟都以在各国纵横为生，尤其是大哥苏秦，名扬天下，几乎是无人不知，无人不晓。苏家虽然家境贫寒，但苏代和苏厉都以苏秦为榜样，努力学习纵横之术，希望能名留青史。

从苏代的经历来看，他也是历经坎坷和磨难，终于成就了自己的一番事业。这次他受韩、赵两国所托，带着大批的金银财宝来到秦国，首先踏入了范雎的丞相府。虽然范雎也是靠嘴皮子起家，但苏代在各国游历多年，面见过多位国君，无论是在胆量、经验，还是在实力上都不逊于范雎。

一见范雎，苏代就劈头说道："赵国一旦被秦国所灭，天下再无人敢于与秦国对抗。秦王称帝后，一定会封武安君'三公'的爵位。武安君在南边破了楚国的鄢、郢等地，又占领了汉中地区，不久前又大败赵国的四十万大军，为秦国夺取了七十多座城池，就算是大名鼎鼎的周公和召公也不过如此吧。武安君一旦位列三公，您要如何自处？到那时就算你不甘心，也只能眼睁睁地看着武安君位居你之上了。"

范雎想了想，认为他说得很有道理。苏代见范雎心有所动，便马上给出了一个解决的办法。他先从天下大局入手，说秦军围困上党，上党的百姓在冯亭的带领下全部依附了赵国，可见天下的百姓都不愿意成为秦王的子民。一旦韩国被灭，燕国肯定会趁机分一杯羹，吞并赵国北边的土地，而东边的土地也会归齐国所有，这样一来，秦国也占不了多少好处。如此看来，不如趁势与韩赵两国修好，让它们以割让城池作为代价，以免武安君再建立傲人的功勋。

苏代不愧是纵横名家，几句话就戳到了范雎的痛处。出于自己的利益，也为了牵制自己的对头白起，范雎马上上书昭襄王，说韩、赵两国愿意割地求和。而从秦国方面说，将士们历经了长平这一场大战，已经是疲惫不堪，实在不宜再次出征。且秦国已经因为坑杀战俘一事失了道义，如果再咄咄逼人，恐怕会大失人心。如此一来，不如保存自己的实力，休养生息，等到有好的时机再将韩、赵两国拿下，如此也彰显大国风范。

秦昭襄王一向信任范雎，基本上到了言听计从的地步。此时听范雎分析得头头是道，于是就同意了韩、赵两国的求和之举。秦国这边一放出话，韩国就说愿意献出垣雍之地，而赵国也愿意割让给秦国六座城池。公元前260年十二月，秦国答应了韩、赵两国割地求和，第二年一月就将前线的军队悉数撤回。从结局来看，苏代此次来秦还是十分成功的，不仅让韩国和赵国得到了暂时的安全，还成功地离间了范雎和白起。

但范雎罢兵休整的建议和最后撤兵的结果让白起大为光火，就因为这个谋臣的几句话，秦国就白白错失这么好的战机，他也失去了一个建功立业的大好机会。其实客观分析，长平之战后的确是赵国最虚弱的时候，此时进攻是再好不过的。而范雎为了一己私利，就劝昭襄王退兵，于国于民都是无益的。范雎这么做很明显是对功勋卓著的白起起了戒心，而因为这件事，白起也对范雎多有怨言，和秦昭襄王之间也产生了嫌隙。至此之后，秦国将相失和，这不仅拖延了秦国统一天下的进程，也给其他国家制造了机会。

邯郸告急了

且说赵国与齐国交好之后,魏国果然派人来请求加入赵国的合纵盟约。赵孝成王不知道如何处理才好,于是就召虞卿前来商讨。虞卿先是去平原君赵胜家与他探讨了合纵之道,然后才去见赵王。赵王对他说,魏国请求和它们结盟,虞卿却说魏国错了。赵孝成王听他这样说,马上就说,他并没有答应魏国,但虞卿这次说赵孝成王错了。赵孝成王被虞卿的回答弄得一头雾水,于是就问他为什么要说如此自相矛盾的话,合纵联盟是不是没有作用了。

虞卿不慌不忙地解释道,他曾听说过大国和小国一起处事,有什么好处就归大国享用,有什么祸事就由小国承担。如果赵国和魏国结盟,赵国是大国,魏国是小国,这样一来,风险就由魏国承担,而赵国却能够享受成果,所以说魏国之错在于前来结盟,使自己陷入危险之境,而赵国错了,是没有答应魏国的请求。但从赵国的利益层面来看,合纵盟约还是很有利的。赵孝成王听他分析得很有道理,于是就答应与魏国结盟。

与此同时,赵国还将灵邱之地赠予楚国的国相春申君,以此拉拢楚国。又派出使者携带重金前往燕国和韩国,与它们交好。这样一来,这个联盟就有赵、齐、魏、韩、燕、楚六个国家,规模还是十分可观的。

秦昭襄王得知赵国不但不按照之前的约定让出六座城池,反而还联合诸国准备与秦国对抗后大发雷霆,觉得秦国堂堂大国,却被手下败将如此戏弄,是可忍孰不可忍。昭襄王马上下令让大将白起出征赵国,给赵孝文王一点颜色看看,白起却拒不出征。

白起向昭襄王进言道,赵国自长平之战之后,举国上下都十分忧惧,于是君臣终日操劳于政务,百姓勤于农耕,都是为了备战。不仅如此,赵国还备下了大量钱财结交诸侯,态度言辞也十分谦卑。赵国曾经也是独霸一方的强国,此次虽历经长平惨败,但实力仍然存在。赵国一旦促成了各诸侯国的合纵之势,就会一心一意对抗秦国。所以秦国此次贸然出征赵国,一定会失败而归。因此白起劝告昭襄王,此时时机尚未成熟,要慎重考虑发兵攻赵这件事。

白起不肯出征,一方面是因为之前退兵邯郸一事,另一方面也是出于对现实的考虑,从他的一番分析来看,他说得还是很有道理的。但昭襄王自长平一役之后就有种天下唯我独尊之态,自然听不进白起的劝告,几次强请之后,白起索性就称病不出。昭襄王认为白起是居功自傲,所以十分恼怒,但念及白起是老臣,且又功勋卓著,所以一直隐忍不发。但昭襄王的自尊毕竟受到了损害,为了维护自己和秦国的颜面,昭襄王另派大将王陵领兵讨伐赵国。

秦国此次发兵共六十万,分为三路。十万军队从北边进攻上党,牵制住北方的赵军,使他们不能南下增援邯郸。十万军队负责攻打有可能会前来援救赵国的魏楚联军，断了邯郸的后路。而四十万主力部队由王陵亲自率领，直接奔赴主战场——邯郸。

虽然赵国之前积极备战，也通过外交的手段联合了其他的诸侯国，但从当时的局面来分析，这次战争的优势还是在秦国的。长平一役，赵国损失了将近四十万的部队，基本上达到了军队总数的四分之一。且出征长平的部队都是赵国的精锐部队，其中还包括了赵国最强大的骑兵部队。失去了骑兵部队的赵国，就等于完全失去了主动出击的野战能力。

祸不单行，因为赵国的实力一落千丈，而秦国又在此刻大举入侵，于是赵国北方的燕国也决定就此机会捞上一笔，于是也派出军队从背面攻击赵国。昭襄王四十八年（前259）年初，燕国派出四十万大军攻击赵国。赵国守军严阵以待，坚守住了东北部已有的城池，逐步消耗燕军的战斗力，随后将其各个击破。燕国大败，几乎一半的将士都成了赵国的俘虏。燕国最终被迫和解，赵国东北部的威胁也解决了。燕国的来袭虽然分散了赵国一定的兵力，但燕军毕竟不成气候，所以也够不上什么太大的威胁。对于赵国来说，此时最大的威胁就是来自西方的秦国。

赵国实力大不如前，这是不争的事实。为了保存实力，赵国对此次战争做了详尽的战略准备。因为失去了骑兵部队的野战能力，赵国只能全线收缩，施行转攻为守的策略，将部队从一些不太重要的外围城池撤出，退守至都城邯郸。与此同时，赵国还采取"坚壁清野"的方针，将各地的守军和粮草聚集起来，保障邯郸的军事和物资供给。同时还将外围带不走的物资悉数烧毁，还将沿途水源一并堵塞，不让它们为秦军所用。

因为赵国的这种战争策略，秦国大军进入赵国境内之后，并没有受到什么军事上的阻碍。十月底，王陵率军攻占了邯郸外围的最后屏障——武安关和皮牢关。一个月之后，秦国大军长驱直入，成功地将邯郸包围了起来。

秦军对邯郸发动了猛烈的攻击，但赵国人这次是破釜沉舟，连国君赵孝成王都亲自激励臣民抗击敌军。而平原君赵胜更是将自己所有的家产都贡献出来，奖励那些敢于为国赴死的勇士。不仅如此，赵胜还将自己的妻女送到战场洗补衣物，照顾那些受伤的将士。

虽然赵国在长平之战中损失了四十万的精锐部队，但此次与秦国开战，很多平民都主动要求参与战争。这些老百姓几乎都在长平之战中失去了自己的亲人，所以对秦国的仇恨可以说是沁入骨髓。在仇恨的驱使下，赵国在短短数月的时间内就集结起了四十万的军队，这支部队虽然多由幼童和老者组成，但他们抗击秦军的视死如归的决心是任何一支部队都比不上的。再加上有国君的鼓舞，赵国可谓是上下一心，全民抗战。

经历长平一役的惨败，赵孝成王也吸取了教训，再不敢草率行事。他重新启用了老将廉颇，让他全权负责邯郸的战略防守。此时的廉颇虽然已经年过七十，但怀抱一颗报国之心的他丝毫没有推脱，毫不犹豫地接下了这个重担。

秦军占领了武安关之后便以此为基地，开始对邯郸发动猛烈的进攻。秦军先是用大量的弓弩手为掩护，向邯郸城发射了约数十万支箭，然后步兵便依靠云梯，想要在弓箭的掩护下冲上城墙。除了步兵和弓弩手之外，秦军还利用战车猛攻城门。虽然秦国来势凶猛，但赵国也不甘示弱，一次次地将秦军的进攻击退。

赵国先是用弓箭手给予还击，同时又用竹竿和滚木雷石击退攀爬在云梯上的秦军。赵国就这样顽强地抵抗着，一个月后，秦军伤亡人数达到了将近两万人，但邯郸城依旧固若金汤。

秦军出师不利，只得被迫休整。赵军抓住这个机会开始派出一些小股部队不时地到秦军营地进行骚扰。秦军本来就是出征在外，此时更是受到了巨大的惊吓，士气一时低落了下来。不仅如此，赵孝成王还派出使者来到秦国，对秦昭襄王说，如果秦国不马上停止这场战争，赵国就会依照之前的约定将在赵国做人质的嬴异人斩杀。

赵国使者的来访对秦国来说显然是一种赤裸裸的威胁，秦昭襄王显然不会因此就停止进攻。到了这年年底，在秦昭襄王的严令下，秦军对邯郸又发动了一次规模巨大的进攻。但因为赵军严防死守，此时又正值寒冬，秦军大败而还。在这次的对抗中，秦军的伤亡人数超过了一万人，整个部队都陷入了恐慌之中。无奈之下，主将王陵只得下令撤军五十里，同时火速上书给秦昭襄王，要么派兵前来增援，要么撤军回国，结束这场战争。

刚愎自用很危险

王陵的上书马不停蹄地传到了咸阳，秦昭襄王得知前方战事失利的消息大为光火，马上召集大臣前来商议。昭襄王首先怒斥了白起和范雎，说白起恃宠而骄不肯出征，而范雎听信苏代之言，与赵国交好失去了战机，简直是误国误民，让秦国蒙受此奇耻大辱。

为了挽回战局，秦昭襄王决定起用武安君白起为将。对昭襄王来说，白起可以说是他的一张王牌。长平一役也是纠缠多时，但白起一出马，不出数月，就将赵国打得落花流水。到了现在这个关键时期，或许只有白起才能力挽狂澜，救秦军于水火之中了。

昭襄王满心欢喜地给白起下了一道诏令，但没想到又一次遭到了拒绝，理由还是同上次一样——抱恙在身，不能出征。一次推辞昭襄王还能相信，接二连三地拒绝就未免太不识抬举了。

昭襄王虽然心中愤怒，但还是压制住心中的怒火，质问白起，为何多次托病推辞。白起回答说："（赵国）臣人一心，上下同力，犹勾践困于会稽之时也。以合伐之，赵必固守。挑其军战，必不肯出。围其国都，必不可克。攻其列城，必未可拔。掠其郊野，必无所得。兵出无功，诸侯生心，外救必至。臣见其害，未睹其利。"大意就是赵国如今上下一心，秦国围攻邯郸也占不到什么便宜。与其等到各诸侯国的援兵到来，还不如主动撤军，如此对秦国才是最有利的。

白起不愧为一代名将。他虽然没有亲自到过邯郸战场，但凭借他多年的战争经验，对战局的分析还是十分透彻的。首先，秦国和邯郸相距甚远，而且沿途的城池也并不都在秦国的控制之下。长途行军，不仅在物资方面的损耗加大，而且对将士的身心也是一种摧残。其次，战线拉得太长，很容易受到赵国的突袭，粮草供应不上，前方的战事肯定会受到影响。最后，这次出征赵国一开始就错过了战机，也违背了范雎自己制定的"远交近攻"的策略，不先攻打距离较近、实力较弱的韩国和魏国，反而去攻打实力日渐恢复的赵国，实在不是上策。

虽然事实摆在眼前，可秦昭襄王一向自负，此刻又怎听得进白起的劝告呢？怒火中烧的他再一次命白起出征，还放下了一句话——"如君不行，寡人恨君"。

可白起也十分固执，始终不肯改变自己的态度，并回答昭襄王说："破国不可复完，死卒不可复生。臣宁伏受重诛而死，不忍为辱军之将。"言下之意就是秦国此战必败，他不想因为一场胜败已定的战争破坏自己"战无不胜"的美名。

秦昭襄王被白起气得哑口无言，他从内心深处觉得自己作为君王的自尊被白起践踏得破败不堪，这也为后来的白起之死埋下了隐患。秦昭襄王不肯相信白起的"必败"之言，但又不肯就此放弃，毕竟白起的能力是大家有目共睹的，昭襄王不愿再去碰钉子，于是就派范雎前去相请。范雎和白起本来就有过节，此次范雎领命前去，直接质问白起道："楚国地大物博，方圆千里，将军你仅凭几万人马就攻下了其都城，与韩、魏两国的斗争也是以少胜多，使得这两国至今都不敢有所举动。如今赵国的士兵死伤过半，我军的实力远胜于赵。你当初能够以少击多，何况如今以多攻少，以强攻弱？"

范雎这番话说得冠冕堂皇，其实却是巧妙地将战争的成败归结到白起的个人能力之上，其中也有激将之意。范雎巧舌如簧，本来就是靠嘴皮子起的家，说话自然是暗含深意，但白起根本不吃他这一套。对于范雎的话，白起逐条反驳道："楚王忠奸不分，残害贤良，重用佞臣。楚国虽然国土广阔，但上无明君，下无贤臣，将士和百姓自然也没有什么抵抗能力，如此方能以少胜多。至于韩、魏两国，是面和心不和。它们相互推脱责任，这才导致了战争的失败。当初长平一役大败赵国，没有乘胜追进，就已经失去了战机。如今赵国得到了喘息的机会，上下一心。现在强攻邯郸，赵国人必定会誓死反抗，而且各路诸侯的兵马随时都有可能前来援助赵国，所以说秦国此次必败。"

白起的意思很明显，他不是因为和范雎的私人恩怨，也不是为了自己的名声，而是从目前的局势看，此仗根本没有再打下去的必要。面对白起的反驳，范雎无言以对，只好悻悻然地离开了白起的府邸。

范雎本是奉昭襄王之命前来，这时自然要去回禀。他在白起那里受了气，见了昭襄王便将白起的话添油加醋地说了一遍，如此昭襄王对白起的忌恨愈发地深了。事情发展到了这个地步，纵然白起不肯为将，仗还是要继续打下去。昭襄王只得命王龁去前方换下王陵，与他一起前往的还有秦国的大批援军。

秦国的十万援军在王龁的率领下，带着大批的粮草和军用物资来到了邯郸。昭襄王此次下达了死令，全军不计一切代价，一定要在最短的时间内拿下邯郸。昭襄王的态度如此坚决，手下的将士们自然是万死不辞。

而对于主将王龁来说，这次的邯郸之战是一个机遇也是一个挑战。如果他此次拿下邯郸，那加官晋爵自不待言，还能因此名留青史，成为千古名将。况且白起已老，最近又三番五次地开罪于昭襄王，如果他能拿下邯郸，一定能取白起而代之。

就这样，邯郸之战最激烈的一次进攻开始了。秦国方面还是运用弓弩手在后掩护，步兵在前方攻城的方法，只不过这次进攻的强度大大增强，还运用了一些新型的作战武器。这种武器的主体类似塔楼，十分高大，下面有个带有轮子的底座，通过人力可以推动其前进。塔楼内部是盘旋而上的阶梯，士兵由此爬到顶层的小门之后就可以从塔楼上跳入城墙，这就大大降低了士兵的死亡率。

而赵国也开始派出一些精锐部队开始反击秦军，且地方上的部队也为了配合邯郸主战场的作战开始攻击秦军的侧翼部队和物资运输部队。主战场上，老将廉颇亲自披挂上阵，大大鼓舞了士气。赵国将士们用巨石将秦军的攻城塔楼悉数砸坏，并发射了大批带有燃料的箭将其烧毁。

双方就这样僵持下去，到了夏季，秦、赵双方都伤亡惨重，秦军基本上没有取得什么实际意义的胜利，反而损失了五名军官，军队的士气也变得十分低落。赵军虽然伤亡过半，疲惫不堪，但仍旧坚守着邯郸，一刻也不敢放松。

时间一天天过去，邯郸可以说是陷入了绝境。经过长时间的抗战，邯郸已然成为一座孤城。城内缺衣少粮，百姓吃的是草根树皮，几乎到了吃人以果腹的地步，怎一个惨字了得，但赵国军民凭借那刻骨的仇恨和必胜的决心撑了下去。

到了十月，战局虽然逐渐倒向了秦国，但还是没有发生什么实质性的转机。此时范雎向昭襄王推荐了郑安平率军去前线支援王龁。郑安平是范雎的恩人，曾经救范雎于水火之中，后来靠着范雎的关系做了秦国的大官。范雎虽然对郑安平十分信任，但此人并非什么人才。此时昭襄王已经急红了眼，范雎推荐了郑安平，他想都没想，就准了范雎的请求。

两军交战，临时更换将领是大忌，这次派郑安平前去邯郸已经是秦军第二次更换主将。但此时昭襄王心意已决，郑安平就带着诏令和增援部队火速地开往邯郸。秦国方面不断地施加压力，邯郸基本上已经到了水深火热的境地。命悬一线的时刻，平原君赵胜果断请求出城去寻求他国的援助。邯郸之战最终鹿死谁手，此时对于秦、赵双方来说都是一个未知数。

毛遂很会做推销

邯郸保卫战打到了这个地步，就算赵军再努力，再英勇，如果秦国再不退兵，那邯郸也会弹尽粮绝。真的等到那个时候，邯郸全城的军民就是死路一条，而赵国也会彻底地退出历史的舞台。

就在邯郸陷入危难的时刻，平原君赵胜踏上了一条艰难曲折的求援之路。作为战国四公子之一，平原君称得上是赵国除国君之外的权威人物。他曾经辅佐过赵惠文王，如今又辅佐赵孝成王，可以说是赵国的老臣了，政治经验自然十分丰富。

上党一事，赵国因小失大，平原君也要负一定的责任。邯郸一战，平原君也是倾尽所有，但还是不能救国于万一。邯郸一旦被秦军所破，平原君又有何颜面面对赵国的列祖列宗？如今要出使各国求援，以平原君在天下的声望，无疑是最佳的人选。

其实早在邯郸保卫战初期，赵国就向齐国开口借过粮。但那时齐国上下态度都十分暧昧，不想蹚秦、赵两国的这摊浑水，所以采取了暂时观望的态度，赵国使臣最终无功而返。但如今邯郸命悬一线，能不能保住全城军民的性命和赵国的江山，全靠平原君在各诸侯国的游说。

权衡了利弊之后，平原君决定先去楚国，与之签订"合纵"盟约。赵国之所以选定楚国，原因也不难理解。魏国因为之前订立过盟约，且得信陵君的支持，肯定会发救兵支援。韩国实力本就不足，如今在秦国的打压下已经是自顾不暇，哪还有余力来帮助赵国？至于燕、齐两国，到目前为止还没有受过秦国的切实打击，所以只会作壁上观，根本不会为了赵国开罪于秦国。选来选去，最后只剩下一个楚国。楚国虽然之前受到秦国的巨大打击，但它曾经也是个雄霸一方的强国，所以说还是有一定的实力的。再加上秦人烧其宗庙，楚国人和赵国人一样，都对秦国有着刻骨的仇恨，这也是平原君挑选楚国作为联盟对象的一个重要原因。

此次出使楚国，平原君是抱着必成之心的。他公开表明，如果此次能够通过和平的谈判方式取得赵、楚两国的联盟，那是再好不过的了。如若不然，就算是在楚国抛头颅、洒热血，也要完成这次出使的任务。

因为此次出使事关重大，所以平原君要挑选二十个食客与他一同前往。平原君此去心意已决，因为时间紧迫，所以他下令只在自己的门客中选取随行人员，不必再耗费精力到外面去找。平原君声名远播，手下的门客上千，挑出二十个还不是易如反掌吗？但这次随同出使的门客要有极高的素质，不仅要有谋略还要有胆识，能应付一切突发的状况。

因为要求苛刻，所以平原君选来选去，都只有十九个人可以担此重任。其实要在上千人中选出二十个人应该不是什么难事，且这个数字也未必一定是真,应该是司马迁为其后毛遂的出场做一个铺垫。

闲话少叙,没有凑齐二十个人怎么能成行呢?就在平原君不知如何是好的时候,他的门客中有一个人站了出来,主动要求和他一起去楚国签订盟约,这个人就是战国历史上大名鼎鼎的毛遂。因为他此次出使秦国的故事,还诞生了一个众所周知的成语,那就是"毛遂自荐"。

此时的毛遂已经在平原君门下当了三年的门客,但一直没有找到机会施展自己的才能。他见此次出使楚国是个难得的良机,就把自己推荐给了平原君。但平原君在得知毛遂已经在他门下三年之后,很不看好他,根本不想带他出使。平原君的意思是,但凡这世界上有才华的人,就如同放在袋子中的锥子一样,他的特长和能力马上就会显露出来。但毛遂已经在他门下做了三年的门客,他从来没有听到过任何人称赞他的才能,甚至连提起他名字的人都没有,可见此人并没有什么能力。

毛遂也知道平原君会对他有所怀疑,于是便解释说,他只不过一直未身处囊中,如果给他施展的机会,他一定会锋芒毕露,而不是只露出一个小小的尖端而已。平原君一则见他这么有自信,二则一时又没有什么好的人选,就同意了毛遂的请求。此时的平原君没有想到,带上这个叫毛遂的人一同出使楚国,是他做过的最正确的决定。

随平原君一同出使楚国的另外十九个人之前都看不起毛遂,但经过一路上的交谈,慢慢地对他改变了看法,奉他为二十人之首。平原君到了楚国之后,开始和楚国君臣谈论"合纵"联盟的重要性。平原君说得口干舌燥，从早晨太阳升起一直说到正午太阳当空，但楚国方面的人依旧是不为所动，迟迟不肯下决定。

从楚国的角度来看，对"合纵"一事犹豫不决也是可以理解的。如果订立盟约，就要发兵救赵。如果赵国战败，那么楚国就会得罪秦国，以自己现在的实力，根本没法抵挡秦国的又一次进攻。而且就算赵国取得了战争的胜利，楚国也会损失一定兵力，这对于自己的国力也是一种损失。况且实际的危机也没有降临到自己头上，所以楚国也没有非救赵国不可的理由。反过来看，如果不发兵救援，赵国一旦被灭，楚国也是朝不保夕。冠盖相道，前途渺茫，楚王自然陷入了纠结和为难之中。

楚国这边多一刻的犹豫，赵国的君臣百姓就要多受一时的苦楚。门客们和平原君一样，也是心急如焚。他们见没有什么效果，就让毛遂前去试一试。毛遂握着剑柄拾级而上，问道："'合纵'的利害关系十分清楚，三两句话就能决定。为何今天从日出就开始说，到了日上三竿还不能决定呢？"

楚王不认识毛遂，就问平原君这个人是干什么的，平原君便如实回答说，这是他的舍人。楚王觉得和一个小小的舍人一起说话有失身份，于是就怒斥毛遂，让他下去。没想到毛遂不但没有退下，反而握着剑柄更近一步，说楚王之所以敢斥责平原君的门客，是因为仗着楚国人多势众。但现在在十步之内，楚王能够依靠的没有别人，所以说楚王的性命是掌握在毛遂的手中。楚王当着平原君的面斥责于他，就是对平原君的不敬。

毛遂接着又说，他曾听说过商汤凭借七十里的土地统一了天下，周文王凭借百里的土地就让天下诸侯俯首称臣，这并不是靠他们兵多将广的优势，而是因为他们能够就已有的条件奋发向上，最后成就一番霸业。而楚国幅员辽阔，方圆五千余里，士卒上百万人，足可以图霸天下。但白起只率领了几万部众就拿下了鄢、郢之地，还烧毁了夷陵，侮辱了楚国的先祖。这对楚国来说，是历经百代都不能终止的仇恨，赵国因为长平一战备感羞耻，为何楚王却丝毫不以此为耻呢？

毛遂的话触痛了楚王的心，可以说从这一刻开始，楚王心中的天平就开始慢慢倾向了赵国。

说完这些之后，毛遂又重新回到"合纵"这个话题上来。他说"合纵"一事，最大的受益者是楚国而并非赵国，所以说楚王不应该当着平原君的面斥责于他。楚王听了毛遂的一番话，马上就答应与赵国立定"合纵"盟约。

毛遂见楚王答应了，就马上让左右的人取牲畜的血来歃血为盟。毛遂举着铜盘，依次请了楚王和平原君的血，他和其他十九位随行的门客也相继歃血，最后确定了此次盟约。

作为一个说客，毛遂的表现可以说是精彩绝伦，惊世骇俗。他握剑上前，虽说是对楚王的不敬，但却成功地保全了平原君和赵国的颜面，且他说话抓得住重点，首先从楚国和秦国之间的仇恨入手，其后又论述了"合纵"将给楚国带来的利益。他的分析丝丝入扣，字字在理，所以说不管是从个人感情方面，还是从国家利益方面，楚国都应该出兵援助赵国。

和楚国签订了盟约之后，平原君一行人顺利地回到了赵国。平原君深知此次出使楚国，最大的功臣就是毛遂，所以他就对他人说，他赵胜以后再也不敢随意地挑选人才了。他曾经自认为选出的人才不计其数，天下有才之人都收入自己的囊中，却没想到错过了毛遂这样的人才。

平原君还称赞毛遂，说他一到楚国，就使得赵国的威望和地位大大地提高，可以说是高于九鼎和大吕。毛遂用他的三寸不烂之舌成功地说服了楚王，真是以一人之力敌过百万军队。至此之后，平原君对毛遂十分敬重，把他奉之为上宾。

赵、楚两国的"合纵"盟约制定之后，春申君黄歇就带着楚国的援军匆匆忙忙地向邯郸赶去。就在楚国发兵援赵的时候，魏国还有一个人在尽自己的能力帮助赵国，那就是信陵君魏无忌。

窃符救赵

赵国和魏国一直交好,且两国又是姻亲,所以在邯郸战事逐渐吃紧的时候,赵国就向魏国派出了使者请求援助。魏安釐王接到赵国求救的消息后自然不敢怠慢,马上派大将晋鄙率十万精兵北上援赵。秦昭襄王得知此事后,派使者来到魏国,告诉魏安釐王,说邯郸久攻不下,诸侯之间有胆敢前去相救的,就是与秦国作对。秦国结束了与赵国的战事之后,就会发兵攻打。

魏安釐王胆小多疑,受秦国恐吓后,他派人命晋鄙原地待命,想看看局势再作打算。其实安釐王这么做也是有自己的理由的。魏国曾深受秦国之害,因为实力不如秦国,所以经常受其侵扰。秦国曾经出兵攻打过魏国的都城大梁,夺取了许多土地。

就这样,魏国援助赵国的军队就这样停在漳水之南的邺城,距目的地邯郸只有一日的路程。平原君见援军迟迟不来,顿时心急如焚。当他得知魏国受到秦国的恐吓不敢援赵的时候,他马上修书一封,派人马不停蹄地送给魏国的公子魏无忌,希望他能想个办法救赵国于危难之中。

魏公子魏无忌就是当时赫赫有名的四公子之一的信陵君，他为人敦厚老实，十分重情义。和其他的公子相比，信陵君的城府不深，也不会隐藏自己的心事，这也是他为什么会冒着这么大的风险窃符救赵的原因。

魏无忌和赵国的平原君有亲戚关系，他的姐姐是平原君的夫人，则他就是平原君的内弟。信陵君得知邯郸告急，而魏国的军队又停在半途之后，马上入宫求魏安釐王发兵。但魏安釐王惧怕秦国的威势，迟迟不肯做决断。就在此时，平原君才在万般无奈之下带着门客去楚国求救，随后便发生了"毛遂自荐"的故事。

而魏国方面，信陵君救赵心切，但多次入宫都没有取得什么实际的效果。信陵君一心想要救赵，他知道去求安釐王已经没有什么用了，就准备带领自己手下的宾客前去邯郸，誓与赵国同存亡。

就在信陵君和他的门客们经过夷门的时候，一个重要的人物出现了，那就是侯嬴。侯嬴又称侯生，本是大梁城夷门的守门人，身份十分低微。信陵君听人说他很有才能，便有意与他结交。信陵君一贯礼贤下士，为了求取一位人才，竟然屈尊亲自去见侯生，态度也十分恭敬。其后，信陵君还亲自为侯生驾车，置其他的宾客于不顾。由此可见，信陵君对侯生是何等的看重。

但这次信陵君带着宾客去援救赵国，侯生并没有随同他前往。等到一干人等到达夷门的时候，他才站出来说了一些不痛不痒的送别的客套话，丝毫没有与信陵君一起赴死的意思。

侯生的态度让信陵君十分恼怒。他待侯生如此恭敬，超过了其他任何的宾客，但侯生却在他面临险境的时候弃他于不顾，这实在不合情理。信陵君虽然当时没说什么，但后来越想越不对劲，于是就调转车头回来问侯生为什么要如此对他。

侯生见信陵君回来找他，居然十分高兴。他笑着对信陵君说，他早就知道公子会回来一问究竟。信陵君十分不解，侯生便解释说，公子待他的诚心，自然是无人不知，无人不晓，但他恩将仇报，这样对待公子，谁都会不理解的。所以他说自己知道信陵君一定会回来找他。

侯生又对信陵君说，他带着宾客去邯郸，无疑是羊入虎口，自寻死路，实在不是明智的选择。信陵君听侯生如此说，就知道他心中已有妙计，就将其请入室内，与他单独商议。

不出信陵君所料，侯生果然向他献了一计。他说兵符就放在安釐王的卧室内，如今安釐王最宠爱的女人是如姬，如果能得到她的帮助，一定能将兵符顺利地偷出来。

信陵君觉得这是个好办法，如姬深受安釐王宠幸，进出卧室自然是十分方便，但她又怎么会冒这么大的风险去帮自己偷兵符呢？侯嬴又对信陵君说，如姬的父亲当年被人所杀，她为了替父报仇，悬赏了三年，但都没有找到仇人。如姬知道公子您威名远播，曾经向您哭诉，希望您能帮她找出仇人。您为她报仇雪恨，她就是付出自己的性命也在所不辞。如今公子您只要去求如姬，许以她这件事，她一定会帮您拿出虎符，得到了虎符之后，您就可以率大军救赵。一旦帮助赵国击退了秦军，那就是您所创下的丰功伟业了。

信陵君此时也想不出别的办法，只得听从了侯嬴的计策，前去拜见如姬。如姬本来就十分敬仰信陵君，她又感激信陵君为自己报杀父之仇，自然是愿意助信陵君一臂之力的。在如姬的帮助下，信陵君顺利地拿到了兵符，准备前去邺城接管晋鄙的军队。

就在信陵君即将出发的时候，侯生又对他说了一番话，并向他推荐了一个人，那就是他的好友朱亥。侯生说"将在外，军令有所不受"，如果晋鄙见到兵符，心生怀疑，不肯将军权交出，那事情就麻烦了。为保万一，希望公子能带上他的朋友朱亥。朱亥虽然是个屠夫，但力大无穷，是个不可多得的力士。一旦有突发状况，可以帮助公子杀掉晋鄙。

从事后的发展来看，侯生果然是料事如神。但信陵君生性善良，怜惜晋鄙是魏国的老将，为国家立下过汗马功劳，以至于落下了眼泪。但为了救赵的大计，信陵君还是听取了侯生的建议，带着朱亥，马不停蹄地赶往邺城，而侯生因为年老体衰，所以就没有随行。

侯生也知道信陵君不忍杀掉晋鄙，因此心生内疚之情，但这也是关键时刻万不得已的计策。所以在信陵君快要到达目的地的时候，侯生面朝邺城的方向拔剑自刎，以此来报答信陵君对他的信任，其忠贞之心令人潸然泪下。

到了邺城之后，信陵君拿出兵符，假传安釐王的命令，要取代晋鄙统领全军。晋鄙虽然见了兵符，却心生疑惑，自己并未犯下什么过错，安釐王为何好端端地派信陵君前来替换自己呢？为了谨慎起见，晋鄙对信陵君说，他奉大王的命令带领十万大军驻扎在此，这是国家给予我的重任。如今公子您孤身一人带着虎符到了这里，就突然要将我换下，这是怎么回事？

信陵君也没法跟他解释，但事情一旦被晋鄙识破，之前所做的一切努力就前功尽弃了，还有不少人会受到牵连。就在这千钧一发之际，站在信陵君旁边的朱亥突然从袖子里拿出一个四十斤重的铁锤，打死了晋鄙。主将一死，信陵君顺利地接管了魏国的十万大军。

其后信陵君下令，如果父子都在军中，那么父亲回国，儿子留下来作战；如果兄弟都在军中，那么弟弟留下，哥哥回国照顾父母家人；如果是家中独子，也可以回国。这一道充满人情味的军令又一次显示了信陵君的仁慈之心。除去这些被遣送回国的将士之外，一共剩下了八万余人。在信陵君的指挥下，魏国这八万大军继续北上，踏上了解救赵国的道路。

秦国这回栽了

到了这年十二月初,魏国和楚国的援军都先后赶到了赵国,并在邯郸城的外围驻扎了下来。与此同时,郑安平率领的秦国增援部队也赶到了邯郸,一场声势浩大的战争就要拉开帷幕。

魏楚联军到来的消息令赵国方面松了一口气,但真正的危机还尚未解决。面对各国的援军,秦国不但没有慌乱,反而增加了兵力,一部分驻扎在汾城,一部分继续围攻邯郸。秦军身经百战且经验丰富,肯定预料到各国会"合纵"抗秦。

其实秦国对各国的援军早就做好了准备,虽然对邯郸的围攻十分艰难,但秦军内部还是有一部分部队始终没有投入到攻打邯郸的战斗中去。而且随着时间的推移,秦国还在不断地增加这支部队的实力。大战开始之际,秦昭襄王派张唐带领这支部队驻扎在汾城外围,准备阻击诸侯国的援军。

秦军虽然准备充分,但赵国方面不断地派出小股兵力骚扰秦军后方的补给线。赵国此举让秦国防不胜防,只得将前方的部分兵力调回以保障军队的粮草和物资供给。如此一来，秦国在邯郸主战场的兵力就不如之前那么强大了。

至于邯郸城内，境况一如往常得凄惨。秦国固然实力强劲，可以兵分多路，在抗击援军的时候不耽误攻城。但如果能在援军到来之前就将邯郸拿下，那就可以节约不少兵力。所以在援军尚未到来的这段时间内，秦军进攻的强度可以说是与日俱增。在饥饿和死亡的重压之下，邯郸城内出现了主动向秦军投降的声音。而邯郸之所以能够在如此剧烈的冲击下坚持这么久，靠的就是赵国的上下一心，如今一旦人心涣散，破城就在朝夕之间。

作为邯郸战役的主要政治领导人，平原君陷入了焦虑之中。这时他的门客李谈向他提出了一个建议，让他将邯郸城内的妇女都收编入军，并倾尽其家财来鼓舞士气。李谈对平原君说，如今邯郸危在旦夕，但后宫的姬妾们依旧穿着绫罗绸缎，吃着美酒佳肴，可知城中的百姓吃的却是草根树皮。再者城内的兵器都已经消耗殆尽，只得将木头来当作武器，公子您的珍宝玉器却一点也没有减少，这让百姓们怎么一心抗敌呢？

李谈说完又对平原君做了一个假设，如果邯郸被秦军攻破，平原君的这些金银珠宝也保不住，但如果能够保全赵国，更大的荣华富贵都不在话下，何况是这些东西呢？

听了李谈的话，平原君陷入了沉思。最终他听取了李谈的建议，并亲自组织了由三千勇士组成的敢死队，时刻准备出城抗敌。到此为止，赵国的士气又重新振作了起来。

到十二月底，已经到达的魏楚联军在信陵君的指挥下，对秦军发起了强烈的进攻。魏国从西面，楚国从东面，分两路开始了强攻。与此同时，留守在邯郸城内的赵国三千敢死队也在李谈的率领下从正面对秦军出击，巧妙地配合了魏楚联军。

其实秦国此次的战略布局还是比较合理的，其军队主要分为了三部分：主力部队负责继续围攻邯郸，剩下的一部分保障粮草运输的畅通，一部分抗击魏楚联军。而且值得注意的是，秦国这三方面的军队相隔并不遥远，一旦出现了什么问题，也可以互相援助。

客观来说，秦国如此部署可以说是面面俱到，攻守两方面都没有耽误。但出乎其意料的是，赵国居然在援军到来之时一改之前小心防守的策略，派出三千敢死队主动出击。这样一来，就使得围攻邯郸的秦军腹背受敌。

魏楚联军来势汹汹，与秦军在邯郸城外展开了激烈的斗争。信陵君和春申君自然知道秦国的实力，所以丝毫不敢怠慢，秦国方面与之相对的是王龁和张唐。两军交战不久，魏国就折损了六千兵力，其后魏楚两国损失的兵力也达到了两万多人。而秦国在阻击魏楚联军的过程中也损失不少，这一点也在很大程度上影响了之后的决战。

自秦、赵之战开始，秦军已经在邯郸城外围攻了将近两年，已经是疲惫不堪。如今又受到赵、楚、魏的三面夹击，自然抵抗不住，没过多久就全线崩溃。在这种情况下，王龁率领秦国的主力部队急忙向西边撤退，逃回了守地——汾城。但不幸的是郑安平此次带来的两万援军却被三国联军围困在邯郸城之南。

郑安平完全没有料到邯郸城内的赵军会如此英勇，但此时他的部队已和主力部队彻底分离，可以说是孤军奋战。眼见粮草断绝，突围又无望，郑安平只得带领全军投降了赵国。

有人也许会问，郑安平为什么这么快就选择了投降，而不等待援军的到来呢？首先，秦国的主力部队已经转到了对抗魏楚联军一线上了，根本无暇顾及邯郸主战场。王龁和张唐已经溃败，哪里还分得出兵力来解救郑安平呢。其次，就是之前说到的，赵军的勇猛程度完全出乎秦军的意料，所以说秦军的心理防线早已溃败，再做挣扎也是徒劳无功，反而会将所有的将士送上死路。权衡利弊，郑安平只得选择了一条最合适的道路，那就是投降。

郑安平降赵之后，邯郸之围暂时解除，联军乘胜追击，继续进攻西边的汾城。此时的秦军已经乱作一团，根本无心作战，最后被联军打得落花流水，剩下的残兵败将只得逃回河西地区。这时三国联军和秦军隔河相望，双方对峙不下。

大势所趋，秦昭襄王也是无可奈何。四国议和之后，魏国收回了之前被秦国占领的河东地区，赵国也收回了太原郡，而上党之地也交还给了韩国。

邯郸保卫战历时三年，涉及的国家众多，其声势之浩大也是战国历史上少有的。秦国仰仗自己国力雄厚，想一举吞并原来实力强劲的对手赵国，但却在"合纵"联盟的抗击下折戟而还。

邯郸一役，秦国军队损伤大半，之前六年侵占的领土也全部丢失。秦国此次战败的原因是复杂的。从主观上来说，是因为范雎和白起的私人争斗而没有把握好战机，以致给了赵国以喘息的机会。但从客观上来说，秦国在长平一战中也损失了半数的精兵部队，持续进攻的能力也大大减弱，所以说实力的暂时下降应该是秦国最终失败的根本原因。

虽然赵国取得了这次战争最后的胜利，但其在军事、政治等方面的地位却没有得到明显的改善和提高，而秦国一统天下的野心一丝也没有减少。从某种程度上来说，赵国完胜却大伤元气，秦国虽败却未伤其根本，邯郸保卫战只不过是稍微拖延了秦国统一六国的进程。

无论如何，现在的秦国已经登上了实力的巅峰，再也没有诸侯国敢单独与之相抗衡。秦国上下怀抱多年的统一理想，要实现也只是时间的问题。此仗之后，秦国并未丧失其斗志，而是重整旗鼓，又开始了新一轮的统一全国征程。

西周国至此完结

邯郸战役的失败大大损伤了秦昭襄王的自尊心,他后悔当初不该不听取白起的建议,但此时为秦国立下过汗马功劳的白起已经去世。作为一代名将,白起之死可谓是充满悲凉之感。一个人的崛起和衰败往往就在一瞬间,而那世间的繁华荣辱在死亡面前也只不过是一缕尘烟,被风轻轻一吹,就消失得无影无踪,不禁让人心生感慨。

其实在邯郸战事吃紧之时,秦昭襄王还是一直都存有起用白起之心,但白起心高气傲,从来都不给秦昭襄王面子。到了决战时刻,秦昭襄王心中也逐渐嗅到了失败的气息。一贯自负的他怎么能承受如此惨烈的失败?于是便将所有的怒火发泄到了白起的身上,当然其中也有范雎的不少"功劳"。

秦昭襄王四十八年(前258),已经失去了政治地位的白起被驱逐出了咸阳。白起走后,范雎对昭襄王说,白起被贬为平民,又被逐出国都,肯定心有不服,留下他恐怕会有后患。秦昭襄王听信范雎所言,就下令赐死白起。曾经叱咤风云的一代名将就这样在杜邮挥剑自刎，结束了自己跌宕起伏的一生。

虽然秦昭襄王和范雎要为白起的死负一部分责任，但白起的悲剧基本上可以说是一个性格悲剧。白起败就败在他执拗的性格。虽说他是秦国的功臣，但秦昭襄王毕竟是一国之君，三番五次请他出征，而白起却从不给国君台阶下，反而一次次地出言顶撞，这是任何一位君王都不能忍受的。白起对战局的分析虽然十分透彻，但他却一定要和昭襄王较这个劲，证明自己的想法是正确的，这让昭襄王颜面何存呢？这样不把国君放在眼里的臣子，就算他有再大的能力，不能为人所掌控，又留他何用呢？

白起虽死，但秦国仍然是当时唯一的超级大国。通过这次的战争，秦国从根本上意识到，想要成功地完成统一天下的大业，最根本的就是要瓦解诸侯国的"合纵"联盟，使它们不攻自破。出于这个目的，昭襄王向各个诸侯国都派出了使者。与此同时，周朝也感觉到了威胁，于是便派相国亲自赶往秦国。

此时的周王朝已经是名存实亡，天下真正的权力掌握在秦国的手中。周朝的相国早就听说过秦国的威势，他怕在秦国受到歧视，所以走到半路就折返回去了，根本没有按照之前的计划到达咸阳。

有人见周相无功而返，就劝他说，秦王对你的态度如何，现在还不能确定，如果想要知道东方三国的真实情况，就一定要前去拜见秦王。如果秦王对你此行十分看重，那就说明他还是在意周王朝的地位，而周王朝恭谦有礼的态度也会获得秦王的信任。如此一来，周朝便还有立锥之地。

周相觉得此人说得很有道理，于是又一次踏上了前往咸阳的道路。这一次，他终于成功地见到了秦昭襄王。在秦国的大殿之上，周朝的丞相俯首拜见昭襄王，宗主国和诸侯国地位的转换，由此可见一斑。

秦昭襄王问周相此次前来所为何事，周相回答说，此次前来是为了解救秦国。秦国的大臣听他说出这种话，都露出了鄙夷之色。有人就笑着说道，周朝不过方圆百里，不求自保，还说什么为秦国解围。秦国如此强大，又何须周朝担忧。

秦昭襄王心中也有些不解，就问周相何出此言。周相便将六国联盟之事告诉了昭襄王，并问他秦国可有解决之法。昭襄王摇了摇头，周相就建议昭襄王以金钱为手段，破坏六国的盟约，但秦国一定要保证周王朝的平安。

秦昭襄王此时正为六国联盟的事情而烦恼，于是便答应了周相的请求。送走周相之后，秦国就派出使臣唐雎带着一车的金银和美女来到了赵国。在宰相范雎的示意下，唐雎在武安摆下了宴席，并且将黄金赠给了赵国不主张进攻秦国的人。其后，范雎又送了五千金到武安，名曰收买天下有才之士，其实是为了破坏六国的盟约。

那些靠游说诸国谋生的合纵之士，不乏一些见钱眼开之辈。他们见到了秦国的财宝，就将"合纵"盟约抛诸脑后，开始为钱财斗争起来。六国联军本来就在函谷关受到了秦军的阻截，如此一来便军心大乱。各国的军队作鸟兽散，诸国的"合纵"联盟又一次以失败告终。秦国此次未费一兵一卒，仅用不到一万金，就成功瓦解了六国联盟，这一方面显示出秦国外交手段的高明，另一方面也显示出六国联盟关系的脆弱。

一年之后，昭襄王见时机已经成熟，便果断地派出十万大军攻取韩国的阳城、负黍两地，而负责此次东征的是秦国的贵族——赵摎。诸国本以为秦国不会这么快出手，所以听到赵摎攻韩的消息后都十分惊慌。

直接受到威胁的山东六国准备再次结成"合纵"之势，联合起来抗击秦国。就在此时，西周公站了出来。周朝分裂之后，东周的国君就称为"东周公"，西周的国君就称为"西周公"。

此时东周的国君周赧王已经年过八十，体弱多病的他根本无力治理国事，所以周朝的大权都掌握在西周公的手中。西周公当然不愿意周王朝被秦国取而代之，为了自己的利益，他主动站出来组织东方六国的"合纵"。

韩国是秦国这次直接打击的对象。韩国国君一听说西周公要组织"合纵"，马上派出使者告知西周公，如果此次能靠"合纵"成功地击退秦军，救韩国于水火之中，韩国愿意将阳城和负黍两地献给周天子。韩国表面上说将两座城池敬献给天子，实际上就是为了贿赂周朝此时的实际掌权者——西周公。

西周公贪图韩国的小利，马上就答应了韩国国君的请求。但西周公的举动明显违反了周朝丞相与昭襄王的约定，这让昭襄王大为恼火。在昭襄王看来，周朝丞相主动来到咸阳献计，他又念及周和秦本是同源，这才暂时放过周朝，已经是仁至义尽。如今西周公居然出尔反尔，做出这种小人的勾当，还想率领六国的军队攻打秦国，那自己就没必要再对周王朝客气了。

就在昭襄王下定决心灭周的时候，西周公便带着他的军队开始对秦国发动了进攻。据记载，西周公这次集结的军队共计十万之数，可以说是倾尽周朝之国力。但事实上，这十万军队基本上没有什么战斗能力，全是一些乌合之众。在实力强劲的秦军面前，不到两个时辰就被打得溃不成军。

周朝好不容易集结起来的十万"王师"就这样被秦军杀得片甲不留，首领西周公也成了秦国的俘虏。那些剩下的残兵败将见大势已去,便纷纷向秦国投降。一次看起来声势浩大的"合纵"联盟就这样在顷刻间化为乌有。

西周公被俘获之后可谓万念俱灰,他也听说过秦军在长平坑杀了四十万赵军,其手段之狠辣,世间少有。所以当他看到前来审问他的赵撁时,吓得浑身发抖,生怕赵撁将他处死。西周公抱着赵撁的腿泣不成声,主动要将自己所有的封地和百姓都献给昭襄王,只求昭襄王能够饶他一死。

西周公合纵之时信誓旦旦,大有视死如归之势,如今为了自己的性命竟然将自己的百姓主动献给敌国,可见此人不能成大事。赵撁见他如此自觉,倒省了自己的气力,心中自然十分愿意。

其后赵撁便将西周公的请求告知昭襄王,请求他的意见。昭襄王下令将西周的三十六座城邑全部划入秦国的版图,将代表着帝王之尊的九鼎运送到咸阳。除此之外,为了防止西周的军民有造反之心,就将西周的三万民众全部迁往东周。昭襄王遵照和西周公的约定,保留了他的性命,但将他迁到狐这个地方。至于周赧王,依旧让他住在洛阳城,但已经是一个毫无权力的傀儡了。

周朝自建立以来,一直是诸侯之首,也是天下的政治中心。但在周郑交质之后,周王朝的地位一落千丈,甚至连一般的诸侯国都不如,只是维持了一个"周天子"虚名。战国以来,诸侯割据,天下大乱,周王朝基本上完全失去了对局势的控制力,被强大的诸侯国任意摆布。分裂之后的统一是历史必经的道路,周朝由兴至衰直至灭亡也是不可扭转的趋势。

周赧王去世之后,周国的百姓纷纷逃亡东方。七年之后,秦庄襄王灭东周,周朝就这样退出了历史的舞台,而秦国一统天下的曙光就在前方。